Jutta Braun / Nils Klawitter /
Falco Werkentin

Die Hinterbühne politischer Strafjustiz in den frühen Jahren der SBZ/DDR

Berlin 1999

2. Auflage

Schriftenreihe des Berliner Landesbeauftragten für die Unterlagen des Staatssicherheitsdienstes der ehemaligen DDR

Band 4

Zweite, durchgesehene Auflage

ISBN 3-934085-00-8

Der Berliner Landesbeauftragte für die Unterlagen des Staatssicherheitsdienstes der ehemaligen DDR, Scharrenstr. 17, 10178 Berlin

INHALT

Geleitwort

Seit mehreren Jahren gibt es eine regelmäßige Veranstaltungsreihe des Berliner Landesbeauftragten im einstigen "Wilhelm-Pieck-Saal" des Gebäudes der ehemaligen SED-Kreisleitung Berlin-Mitte, Friedrichstraße 165. Heute ist das Gebäude als "Haus der Demokratie" über die Stadtgrenzen hinaus bekannt. Was könnte es für bessere Orte in dieser Stadt geben als jene, wie etwa der ehemalige Sitz des Ministeriums für Staatssicherheit in der Normannenstraße, heute u.a. von der "Forschungs- und Gedenkstätte Normannenstraße" (ASTAK) genutzt, oder der Sitz einer ehemaligen SED-Kreisleitung, die einst von der herrschenden Partei und ihren Machtapparaten genutzt wurden, um an solchen authentischen Orten Aufklärung zu leisten über das Herrschaftssystem der SED und das Leid, das dieses System unzähligen Menschen zugefügt hat.

Die Veranstaltungsreihe, mit der der Landesbeauftragte seinem gesetzlichen Auftrag nachkommt, die Öffentlichkeit über die Tätigkeit des Ministeriums für Staatssicherheit und das untergegangene Herrschaftssystem zu informieren, hat im Ensemble politisch-aufklärerischer Veranstaltungen unserer Stadt ihren festen Platz gefunden und wird fortgesetzt werden.
Mit diesem Band entsprechen wir den Wünschen vieler Besucher, aber gerade auch den Nachfragen jener, die an diesem und jenem Vortrag nicht teilnehmen konnten, zumindest einige der Vorträge in schriftlicher Form zur Verfügung zu stellen. Wir werden fortan regelmäßig Beiträge aus unseren Abendveranstaltungen in Form von Sammelbänden veröffentlichen.

Der hier vorgelegte Sammelband führt in die Frühgeschichte der SBZ/DDR zurück. Er stellt in erster Linie einen bisher noch nahezu unbekannten Apparat aus dem Ensemble an vielfältigen Herrschaftsinstrumenten der SED vor, der in den Gründerjahren der SED-Herrschaft von herausragender Bedeutung war für die hinter strafrechtlichen Vorwürfen versteckte Praxis der Enteignung privater Groß- und mittelständischer Unternehmen: Die Zentrale Kontrollkommission (ZKK),

1948 gebildet und der Deutschen Wirtschaftskommission - dem Quasi-Wirtschaftsministerium der SBZ - zugeordnet.

Wie die beiden Vorträge zur ZKK, erhellt auch der Beitrag zur Strafpolitik nach dem 17. Juni die Hinterbühne der politischen Strafjustiz in den frühen DDR-Jahren. Genannt werden die Drehbuchschreiber und Regisseure, die Inspizienten und Kleindarsteller jener Justizaufführungen, derer sich die SED bediente, um von der Partei längst festgelegte Strafurteile als Entscheidungen einer nur dem Gesetz verpflichteten Gerichtsbarkeit vorgaukeln zu lassen.
In diesen Jahren wurden die Grundlagen für eine politische Strafjustiz geschaffen, die bis zum Winter 1989 unverbrüchlich der SED die Treue hielt und, wann immer die Herrschaftssicherung es verlangte, sich über das geschriebene Recht der DDR hinwegsetzte.
Mögen sich auch im Laufe der Jahrzehnte die Techniken der Durchsetzung des Parteiwillens verändert und verfeinert haben, mag auch die Zahl der Fälle in politischen Verfahren, in denen Parteigremien unmittelbar in das einzelne Verfahren steuernd und lenkend eingriffen, zurückgegangen sein, weil im Laufe von 40 Jahren die Justizfunktionäre immer besser lernten, auch ohne direkte Anleitung im Einzelfall das gewünschte Urteil auszusprechen - grundsätzlich änderte sich an der Stellung des Rechts im Herrschaftssystems der SED und an der Rolle der nicht dem Recht, sondern der SED dienenden Justizfunktionäre nichts.

Martin Gutzeit
Landesbeauftragter

Jutta Braun:

Die Zentrale Kommission für Staatliche Kontrolle 1948-1953 - Wirtschaftsstrafrecht und Enteignungspolitik[1]

Die im Mai 1948 in der SBZ gebildete Zentrale Kommission für Staatliche Kontrolle (ZKK) hatte hinsichtlich ihrer Aufgabenstellung einen hohen Anspruch: Ihr oblag die Kontrolle des gesamten Staatsapparates; sie hatte dafür zu sorgen, daß die Beschlüsse der Regierung wie vorgesehen in die Tat umgesetzt wurden. Ihre Installierung erfolgte zu einer Zeit, als in der SBZ entscheidende Schritte auf dem Weg zur Zentralisierung von Verwaltung und Wirtschaft eingeleitet wurden: Im Frühjahr 1948 stattete die Sowjetische Militäradministration (SMAD) die Deutsche Wirtschaftskommission (DWK) mit Befugnissen aus, die ihr den Charakter einer Regierung für die Zone verliehen, die DWK wiederum forcierte mit der Ausarbeitung des ersten Halbjahrplanes für 1948 die Durchsetzung der Planwirtschaft.

Die ZKK war zunächst bei der Deutschen Wirtschaftskommission angesiedelt, nach der Staatsgründung wurde sie dem Ministerpräsidenten der DDR unterstellt. Wichtiger als diese formalen Zuordnungen ist jedoch die Tatsache, daß die Kommission in erster Linie Walter Ulbricht unterstand. Diese Rückendeckung durch Ulbricht war bestimmend für das herrische, sich über rechtliche Schranken bedenkenlos hinwegsetzende Auftreten der Kontrollbehörde gegenüber staatlichen Organen und einzelnen Personen. Die Zentrale der Kommission unter ihrem Vorsitzenden Fritz Lange wurde aus neun Personen gebildet. Sie verfügte über einen regionalen Unterbau aus fünfköpfigen Landeskontrollkommissionen und einem Netz von Kreiskontrollbeauftragten und ehrenamtlichen Volkskontrollausschüssen. Von Beginn an war die Kommission mit gegenüber der SED loyalen Kadern besetzt, ihr Führungspersonal setzte sich dementsprechend vorwiegend aus ehemaligen KPD-Funktionären zusammen. Die Personalpolitik der ZKK beschrieb ihr Vorsitzender Lange im Jahre 1953 rückschauend so: "Je länger jemand im Zuchthaus gesessen hat, je

1 Vortrag am 12. März 1997.

eher paßt er in den Apparat der Staatlichen Kontrolle."[2] Tatsächlich waren fünf ihrer leitenden Mitglieder ehemalige Zuchthaus- bzw. KZ-Häftlinge.[3]

Um ihre Aufgabe erfüllen zu können, mußten die Kompetenzen der Kommission notwendig weitgefaßt sein. So waren alle Staatsangestellten den Kontrollorganen gegenüber auskunftspflichtig und mußten auf Verlangen Akteneinsicht gewähren.
Ein Teilbereich der ZKK-Tätigkeit betraf die Aufdeckung ungesetzlicher wirtschaftlicher Handlungen. Zu diesem Zwecke besaß die Kommission neben ihren sonstigen Befugnissen den Status eines Untersuchungsorgans in Wirtschaftsstrafsachen. Für einen kurzen Zeitraum, in den Jahren 1948 bis 1953, avancierte diese Teilaufgabe zum politisch hochbrisanten Hauptarbeitsgebiet der ZKK. Später, nach der Einleitung des "Neuen Kurses" im Juni 1953, verlor sich dieser strafrechtliche Aspekt ihrer Tätigkeit wieder in der Bedeutungslosigkeit. Die Staatskontrolle existierte bis zum Ende der DDR (später unter dem Namen Arbeiter-und-Bauerninspektion.) Sie erlangte jedoch nie wieder die zentrale tagespolitische Bedeutung, die ihre Arbeit in den fünf Anfangsjahren ihrer Existenz ausgezeichnet hatte.

Im Zentrum meiner Betrachtung steht diese Frühphase der ZKK und ihre Arbeitsweise als Ermittlungsorgan in Wirtschaftsstrafsachen. Hierbei sollen fünf Fragenkomplexe behandelt werden:

2 BArch Coswig, Bestand: Zentrale Kommission für staatliche Kontrolle (ZKSK), D C-1, 1516.

3 Ernst Wabra: 1935 zu 15 Jahren Zuchthaus verurteilt; Kurt Wach: 1934 zu Zuchthaus verurteilt, nach Verbüßung ins KZ Sachsenburg gebracht, 1936 entlassen; Erich Reschke: 1933 verhaftet, bis 1938 in Rendsburg, im Straflager Esterwegen und im KZ Lichtenburg inhaftiert, 1938-44 KZ Buchenwald, zeitweise Lagerältester, bis Kriegsende Häftling Gefängnis Ichtershausen; Ernst Lange: 1934 verhaftet, Zuchthaus Luckau, KZ Sonnenburg, Straflager Emsland, Strafbataillon 999, Zwangsarbeit in Frankreich; Fritz Lange: 1933 KZ Sonnenburg, 1943 verhaftet und zu Zuchthaus verurteilt, u.a. in Brandenburg Görden inhaftiert.

1. Weshalb wurde von der DWK ein spezielles Untersuchungsorgan für Wirtschaftsstrafsachen eingesetzt?
2. Inwieweit wirkten sich gesellschaftspolitische Weichenstellungen in den Jahren 1948 bis 1953 auf die Anwendung des Wirtschaftsstrafrechts aus?
3. Gegen wen richteten sich die von der ZKK vorbereiteten Strafprozesse, und welche politische Motivation ließen sie erkennen?
4. Wie gestaltete sich das Verhältnis der Kommission zu den Justizorganen?
5. Schließlich: Welche sowjetischen Vorbilder gab es für die Einsatzweise der Kontrollkommission?

Neufassung des Wirtschaftsstrafrechts und Einsetzung der ZKK

Volkseigentum war in den Augen der SED das wesentliche Merkmal für die Existenz einer fortschrittlichen Gesellschaftsordnung. In der SBZ hatte sich bis 1948 bereits ein beträchtlicher volkseigener Sektor herausgebildet aufgrund der bis dahin erfolgten Enteignungen, die unter Berufung auf die Bestimmungen des Potsdamer Abkommens durchgeführt worden waren. Hierzu gehörten die Bodenreform und die Sequestrierung von Industriebetrieben sowie die Überführung der Bodenschätze in Volkseigentum. Bis zum Frühjahr 1949 waren damit fast 10.000 Unternehmen in Staatsbesitz übergegangen, deren Anteil an der Industrieproduktion ca. 40 % umfaßte.
Der noch verbliebenen Privatindustrie wurde von seiten der SED ausdrücklich die weitere Existenzberechtigung zugesichert. Ulbricht betonte im Sommer 1948 auf der Ersten Staatspolitischen Konferenz von Werder, daß es zu keinen weiteren Enteignungen kommen werde, vielmehr solle sich ein "Wettbewerb" zwischen dem volkseigenen und dem privaten Sektor der Wirtschaft entfalten.[4]
Zur selben Zeit arbeitete die DWK an einer Neufassung des Wirtschaftsstrafrechts. Das neue Recht sollte eine Vereinheitlichung der vorhande-

4 Stiftung Archiv der Parteien und Massenorganisationen der DDR im Bundesarchiv Berlin (SAPMO) DY 30, IV 2/1.01/95 (folgend nur noch BArch DY 30), **Bl. 39f.**

nen Ländervorschriften bringen und besonders dem illegalen Handel einen Riegel vorschieben. Aufgrund der Mangelwirtschaft nach dem Kriege hatten sich weite Teile der Bevölkerung, deutsche Behörden und Angehörige der Besatzungsmacht an Schwarzmarkt- und Kompensationsgeschäften beteiligt. Nun jedoch war im Interesse einer reibungslosen Durchführung der Planwirtschaft die Unterbindung des illegalen Warenverkehrs vordringlich geworden.

Allerdings diente das erste neue Wirtschaftsstrafgesetz, die sogenannte Wirtschaftsstrafverordnung, nicht allein dem Schutz der Pläne. Vielmehr bot sie mit der Strafmaßnahme der Vermögenseinziehung die Möglichkeit, wirtschaftlichen Besitz auf dem Wege von Strafverfahren zugunsten des Staates einzuziehen. Eine Analyse der Beratungen über die Neufassung des Strafrechts zeigt, daß die SED besonderen Wert auf die Installierung der Vermögenseinziehung in der neuen Gesetzgebung legte und darüber hinaus plante, die Entscheidung in Wirtschaftsstrafsachen gänzlich der Verwaltung zu übertragen, da diese zum damaligen Zeitpunkt bereits eine loyale Stütze der SED darstellte. Die Vertreter der bürgerlichen Parteien beharrten jedoch auf der weiteren Zuständigkeit der Justizbehörden für den Wirtschaftsstrafbereich und insbesondere für Entscheidungen über Vermögenseinziehungen.[5] Das Ergebnis war ein Kompromiß: Grundsätzlich erhielt die Wirtschaftsverwaltung die Kompetenz für Wirtschaftsstrafverfahren, dagegen blieb es den Gerichten allein vorbehalten, Freiheitsstrafen und Geldstrafen über 100.000 Mark zu verhängen und auf Einziehung von Vermögenswerten zu erkennen. Die SED stand somit vor dem Dilemma, einerseits mit dem neuen Strafrecht ein Instrument zur wirtschaftspolitischen Steuerung geschaffen zu haben, andererseits jedoch die Entscheidung über Vermögenseinziehungen weiterhin einer Justiz überlassen zu müssen, deren Personal in weiten Teilen als politisch unzuverlässig angesehen wurde.[6]

5 Vgl. Dritte Tagung des Ausschusses für Rechtsfragen, 3./4.1.1948. BArch DY 30, IV 2/1.01/70 sowie Tagung des Parteivorstandes mit den Landtagspräsidenten zu Fragen der Gesetzgebung, 27.4.48. BArch DY 30, IV 2/1.01/86.

6 Vgl. die Ausführungen Ulbrichts über die "alten Kräfte" im Bereich der Justiz. BArch DY 30, IV 2/1.01/70, Bl. 196f.

Der Einsatz der ZKK als Untersuchungsorgan in Wirtschaftsstrafsachen sollte nun diese Lücke im Einflußbereich der SED schließen: Mit der im engen Einvernehmen mit der SED agierenden Kommission war eine Instanz geschaffen worden, die eine Rechtsprechung im Sinne der SED gewährleisten sollte und somit als Korrektiv der Entscheidungen des Justizpersonals fungierte. Um diese Rolle ausfüllen zu können, erhielt sie formal den Status eines Untersuchungsorgans, wurde jedoch gleichzeitig informell mit zahlreichen Sondervollmachten ausgestattet. In dieser Hinsicht besaß sie ähnliche Befugnisse wie die politische Polizei der SBZ - die Kommissariate 5 der Volkspolizei - und der spätere Staatssicherheitsdienst. Auch diese Organe verfügten als Ermittlungsbehörden über einen sehr viel weiteren Handlungsspielraum, als er ihnen gesetzlich zustand.

Wenige Monate nach ihrer Gründung präsentierte die ZKK die Aufdeckung eines angeblich großen Wirtschaftsverbrechens: den "Textilschieberfall von Glauchau-Meerane".[7] Die Inhaber von dreizehn privaten Textilbetrieben wurden des illegalen Warenhandels sowie der Sabotage- und Agententätigkeit beschuldigt. Die Durchführung ungesetzlicher Geschäfte wurde von den Angeklagten niemals bestritten. Allerdings war die Beteiligung volkseigener Betriebe und verschiedener Verwaltungsfunktionäre an diesen Delikten bekannt. Die in Form eines Schauprozesses durchgeführte Verhandlung und die Verurteilungen zu Zuchthaus- und Todesstrafen trugen dem Umstand, daß die Angeklagten unter Beteiligung staatlicher Stellen in einer rechtlichen Grauzone agiert hatten, in keiner Weise Rechnung. Vielmehr wurde dieser Fall als Beispiel für die verwerflichen Absichten der Privatwirtschaft stilisiert: Ulbricht betonte bei der politischen Auswertung des Prozesses auf der 13. Tagung des Parteivorstandes der SED im September 1948, das "Neue und Wesentliche" an den Ergebnissen der Verhandlung sei, daß eine entdeckte "illegale, feindliche Organisation" von Privatunternehmern "im Interesse des Kampfes gegen die demokratische Staatsordnung" gearbeitet habe.[8] Aus diesem Grund konstatierte Ulbricht die "Verschärfung des Klassenkampfes"; die wenige Tage später erlassene Wirtschaftsstrafverordnung (23. September 1948) sollte somit der Öffentlichkeit als berechtigte Reaktion

7 Vgl. den Beitrag von Nils Klawitter in diesem Band.

8 **BArch DY 30, IV 2/1/52, Bl. 78.**

auf die staatsgefährdende Wirtschaftskriminalität insbesondere der Privatwirtschaft präsentiert werden.

Zum zweiten stellte der Prozeß auch das Ermittlungsorgan, die ZKK, als eine neue Behörde von großer politischer Bedeutung vor. Ulbricht begrüßte, daß
"die Maßnahmen der Kontrollkommission auch vor der ganzen Bevölkerung eins klarmachen: daß es eine Ordnung in der Ostzone gibt und daß die Kontrollkommission das untersucht, was sie für notwendig hält. Ich möchte hier den Parteivorstandsmitgliedern sagen, daß von Angestellten in der Justiz und in Staatsorganen in Sachsen versucht wurde, während der Untersuchung einzugreifen, und daß wir den Genossen in der Kontrollkommission gesagt haben, daß kein Minister, kein Generalstaatsanwalt und niemand sich einmischen darf. Die Kontrollkommission ist eine selbständige Instanz, sie hat keinem anderen zu berichten als dem Sekretariat der Deutschen Wirtschaftskommission, und zwar nach Abschluß der Untersuchungen. Bis dahin hat kein Minister, kein Staatsfunktionär und kein Staatsanwalt hineinzureden und zu versuchen, eventuell die Verhaftung von Leuten zu verhindern oder ihre Freilassung zu erreichen. Ob die Maßnahmen der Kontrollkommission alle richtig sind, wird sich ja erweisen, wenn von dem Gericht über die Einzelfälle entschieden wird. Aber es muß jetzt ein für alle Mal vor der Bevölkerung klar sein: es gibt Instanzen, die für Ordnung sorgen ..."[9]

Glauchau-Meerane stellte also einen Modellprozeß dar, dem in den kommenden Jahren zahlreiche andere Verfahren unter der Regie der ZKK folgen sollten.
Zum besseren Verständnis der spezifischen Tätigkeit der ZKK ist zunächst ein allgemeiner Blick auf die Entwicklung der Wirtschaftsstrafgesetzgebung in den Jahren 1948 bis 1953 notwendig.

[9] **Ebd., Bl. 78f.**

Die Auswirkungen der Wirtschaftspolitik auf die Anwendung des Wirtschaftsstrafrechts

Neben die Wirtschaftsstrafverordnung traten neue Strafgesetze, die die Durchsetzung der Planwirtschaft sichern sollten und den Spielraum der Privatwirtschaft einengten, so die Verordnung über die Bestrafung von Spekulationsverbrechen vom Juni 1949 sowie das Gesetz zum Schutz des innerdeutschen Handels vom April 1950. Parallel erfolgte die Forcierung von Steuerstrafverfahren, wobei die Richtlinien des Finanzministeriums darauf angelegt waren, möglichst große Steuernachzahlungen einfordern zu können, so daß zahlreiche Betriebsinhaber unter dem Druck der finanziellen Belastungen zur Aufgabe der Selbständigkeit gezwungen wurden. Auch für den landwirtschaftlichen Bereich wurde die Absicht weiterer umfassender Enteignungen von seiten der SED zunächst dementiert, Eigentumsentziehungen mittels des Wirtschaftsstrafrechts jedoch angekündigt. So versicherte Grotewohl im März 1949, daß es keine "zweite Bodenreform" geben werde, betonte aber zugleich, daß man eine solche auch gar nicht brauche, wenn durch eine noch zu schaffende Regelung alle Bauern, die ihren Grund "nicht ordnungsgemäß bewirtschaften" oder sich als "Feinde der Volksernährung erweisen, auf dem Wege der ordentlichen Gesetzgebung gezwungen werden können, ihren Besitz in die Hände der Allgemeinheit [...] zu übertragen."[10] Diese Absicht wurde am 20. März 1952 mit dem Erlaß der "Verordnung über die devastierten landwirtschaftlichen Betriebe" verwirklicht. Durch Einsetzung eines staatlichen Treuhänders beendete der Staat in diesen Fällen die private Verfügungsgewalt.

Besonders deutlich trat der Zusammenhang zwischen Wirtschaftspolitik und Strafgesetzgebung nach der Verkündung des "Aufbaus der Grundlagen des Sozialismus" im Sommer 1952 hervor. Justizminister Fechner erklärte, daß der Aufbau der Landwirtschaftlichen Produktionsgenossenschaften eine Einschränkung der "kapitalistischen Elemente" in der Landwirtschaft erfordere, was einen "konsequenten Ausdruck" auch in der Rechtsprechung finden müsse.[11] Das Ablieferungssoll wurde in der

[10] **Konferenz über Fragen der staatlichen und wirtschaftlichen Verwaltung, 13./14. März 1949. BArch DY 30, IV 2/1.01/107, Bl.15.**

[11] **Fechner, Max: Über die Schwerpunkte der Rechtsprechung in Strafsachen, in: Neue Justiz, 1953, H. 8, S. 225.**

Folgezeit erheblich erhöht und überstieg die Leistungskraft vieler Einzelbauern, was wiederum der Justiz die Möglichkeit eröffnete, die Bauern wegen Nichteinhaltung der Pflichtablieferung nach der Wirtschaftsstrafverordnung zu verurteilen und ihr Gut einzuziehen. Selbständige Bauern und private Warenproduzenten in der Industrie wurden schließlich besonders durch das Gesetz zum Schutz des Volkseigentums vom Oktober 1952 und die "Erste Einkommenssteuer- Ergänzungsverordnung" vom 5. März 1953 belastet. Fechner wies mit Blick auf die letztgenannte Verordnung ausdrücklich darauf hin, daß die Strafe der Vermögenseinziehung zwingend vorgeschrieben sei. Steuerrückstände seien vor allem bei privaten Unternehmern, Großbauern und Hauseigentümern zu suchen.[12] Eine weitere wichtige Strafbestimmung war der SMAD-Befehl Nr. 160 (1945), der die "Sabotage" des wirtschaftlichen Aufbaus unter Strafe stellte und besonders häufig in großen Wirtschaftsstrafprozessen Anwendung fand.

Einen Kurswechsel in dieser Strafrechtspolitik leitete erst der Beschluß der Sowjetführung Ende Mai 1953 "Über die Maßnahmen zur Gesundung der politischen Lage in der Deutschen Demokratischen Republik" ein. Um der Versorgungskrise und dem Unmut der Bevölkerung entgegenzuwirken, war es ein Hauptanliegen des "Neuen Kurses", der Privatinitiative in der Wirtschaft wieder breiteren Raum zur Entfaltung zu gewähren. Aus diesem Grund erfolgte die Abschaffung bzw. Abschwächung der Anwendung zahlreicher Gesetze sowie die Haftentlassung von Personen und Rückgabe von Betrieben. Der SED war also bei der Anwendung des Wirtschaftsstrafrechts nicht allein an der Abwehr der Wirtschaftskriminalität gelegen, sondern ebenso daran, möglichst zahlreiche Angehörige der Privatwirtschaft als Wirtschaftsverbrecher diskriminieren und diesen ihre ökonomische Existenzgrundlage entziehen zu können.

[12] **Ebd, S. 228.**

Die Strafprozesse der ZKK

Die ZKK war nicht an der Durchführung sämtlicher Wirtschaftsstrafverfahren beteiligt. Vielmehr oblag ihr auf Wunsch der DWK die Vorbereitung der "wichtigen" Fälle. Wichtig konnte ein Fall aus zwei Gründen sein: Entweder handelte es sich um ein wirtschaftlich besonders wertvolles Vermögen, das es einzuziehen galt. Die Akten der ZKK offenbaren hierbei unmißverständlich die mit den Prozessen verfolgte Enteignungsabsicht. Im Sprachgebrauch der Kommissionsmitglieder war ein Prozeß immer dann "schiefgelaufen", wenn es zum Freispruch der Angeklagten kam bzw. die Überführung des Vermögens in Volkseigentum nicht gelang. Oder aber die besondere Bedeutung eines Falles ergab sich aus seiner beabsichtigten politischen Signalwirkung, die eine bevorstehende Änderung in der Wirtschaftsstruktur bzw. Wirtschaftspolitik ankündigte.
Ich möchte kurz die von der ZKK "betreuten" Verfahren charakterisieren und sie gemäß ihrer Intention verschiedenen Kategorien zuordnen:

- Die erste Kategorie von Verfahren richtete sich gegen Institutionen bzw. Interessenvertretungen des privaten Handels und der privaten Industrie. Noch Ende des Jahres 1948 wurde von Ulbricht eine Welle von Ermittlungen gegen die Industriekontore der Länder angeordnet. Im November 1948 erging eine Anweisung der SMAD, die forderte, daß die Untersuchung gegen das Sächsische Industriekontor als "Steigerung zur Meerane-Glauchau Aktion" geführt werden müsse.[13] Das Ermittlungsergebnis der ZKK, das die Kontore als "Handelsmonopole privater Großhändler" bewertete, lieferte die Rechtfertigung für ihr Aufgehen in den 1949 neugegründeten Deutschen Handelszentralen.
Auch die Industrie- und Handelskammern (IHK) waren zahlreichen Überprüfungen durch die ZKK ausgesetzt. Im Dezember 1948 kündigte Lange eine Untersuchung in der IHK Sachsen-Anhalt als "ernste Parteiangelegenheit" an. Die geplante Umstrukturierung der IHK müsse durch "konkrete Untersuchungsergebnisse politisch und wirtschaftlich begründet werden". Dementsprechend kam die Kommission einen Monat später zu dem Ergebnis: "Im Gegensatz zu Glauchau-Meerane ist es den Privatunternehmern in Sachsen-Anhalt möglich, auf vollkommen legalem We-

[13] BArch Coswig, D C-1, 1878.

ge Planung und Verteilung in ihrem Interesse zu lenken und damit die demokratische Entwicklung und Planung unserer Wirtschaft empfindlich zu stören."[14] Wenig später, im April 1949, erfolgte die Umstrukturierung der Kammern, die faktisch zur sukzessiven Beschränkung ihres Einflusses bis hin zur vorläufigen Auflösung im März 1953 führte.

- Eine zweite Variante von Verfahren zielte auf die Entmachtung bzw. politische Gleichschaltung der unterschiedlichen Genossenschaftsformen. So wurde im Juli 1950 in Güstrow ein Prozeß gegen Vorstandsmitglieder der Mecklenburgischen Raiffeisengenossenschaften wegen angeblicher Subventionsbetrügereien geführt. Ziel dieses Prozesses war es, einen Vorwand für die endgültige Ausschaltung der alten Raiffeisen-Genossenschaftsform zu präsentieren. Parteioffizielle Schlußfolgerungen aus dem Verfahren legten Wert auf die Stärkung der "Wachsamkeit gegen die Volksfeinde in den Genossenschaften".[15] Kurz darauf, im November 1950, erfolgte die endgültige Auflösung des genossenschaftlichen Zentralverbandes durch dessen Zusammenschluß mit der VdgB. Auch die Edeka-Einzelhandelsgenossenschaft war wiederholt Objekt von Ermittlungen der ZKK. Zu einem Prozeß kam es in der Folge nicht, allerdings waren den 126 Edeka-Genossenschaften in der DDR seit 1949 keine Verbindungen mehr zur Edeka-Organisation in der Bundesrepublik und in West-Berlin erlaubt. Prozesse gegen Angehörige des Konsumverbandes im Jahre 1950 schließlich dienten der beschleunigten Umwandlung dieser Genossenschaft in eine Massenorganisation.

- Eine dritte Kategorie von Verfahren möchte ich unter der Überschrift "Bekämpfung vermeintlicher Monopole" subsumieren. Obgleich die SED stets den Willen zur Aufrechterhaltung der innerdeutschen Wirtschaftsbeziehungen bekräftigt hatte, zeigte sich in der Zielrichtung der Ermittlungstätigkeit der ZKK ein deutliches Mißtrauen gegen alle wirtschaftlichen Einflüsse aus dem Westen. So faßte Lange im September 1949 seine Bedenken gegenüber einem freien wirtschaftlichen Austausch zwischen Ost und West zusammen:

[14] BArch Coswig, D C-1, 1493.

[15] Streit, Josef: Die landwirtschaftlichen Genossenschaften Mecklenburgs in den Händen von Bauernfeinden, in: Neue Justiz, 1950, H. 7, S. 252.

"So positiv und notwendig die Verbesserungen und Erleichterungen des Interzonen- und Außenhandels und die Erleichterung des Verkehrs sind, so bergen sie gewisse Gefahren in sich, die erhöhte Wachsamkeit unsererseits bedingen. Die Feinde unserer antifaschistisch-demokratischen Ordnung werden durch raffinierte Methoden unseren Aufbau durch Schädlingsarbeit - Spekulanten, Spione - bekämpfen."[16]

Der Innerdeutsche Handel und Kontakte zwischen Firmen in Ost und West wurden dementsprechend von der ZKK unter dem Verdacht der versuchten Kontrolle der Ostproduktion durch Westbetriebe beobachtet. Die typischen Vorwürfe, die gegenüber diesen Teilen der Privatwirtschaft zwischen 1948 und Juni 1953 erhoben wurden, waren die versuchte "Monopolbildung" zum Ziel der Marktbeherrschung sowie eine Sabotage- und Agententätigkeit im Auftrage des Westens. Durch einen Regierungsbeschluß vom 2. Februar 1950 wurde die Suche nach "geheimen Monopolen" intensiviert.

Die wichtigsten Vorbilder für die nun eingeleitete Prozeßwelle waren zwei Schauverfahren aus dem Jahre 1950: der Prozeß gegen die Deutsche Continental-Gas Gesellschaft (DCGG) im April 1950[17] und der Prozeß gegen die Solvay-Werke im Dezember 1950. Mit diesen Verfahren wurde jeweils auch eine grundsätzliche Klärung juristischer Fragen im Zusammenhang mit dem Volkseigentum erstrebt:

Ein großes Ärgernis für die SED war die Verbringung von Vermögenswerten im Osten enteigneter Betriebe in den Westen des Landes. So geschah es auch im Falle der DCGG, die nach ihrer Enteignung in der Sowjetzone unter gleichem Namen in Hagen wiedergegründet wurde. Um ähnlichen Vorkommnissen vorzubeugen, forderten die SED-Juristen im Dessauer Urteil vom 29. April 1950 unter Hinweis auf die im Potsdamer Abkommen geforderte wirtschaftliche Einheit Deutschlands eine Anerkennung der im Osten ausgesprochenen Enteignungsmaßnahmen auch im Westen. In den folgenden Jahren wurde dementsprechend jeder Transfer von Vermögensteilen enteigneter Betriebe schwer bestraft. Den Vertretern der in belgischem Eigentum stehenden Deutschen Solvay Werke (DSW) wurde Wirtschaftsspionage, Mißwirtschaft und die Verheimli-

[16] **Protokoll der Arbeitstagung der ZKK und der LKK am 24.9.1949, BArch Coswig, D C-1, 6095.**

[17] Vgl. den Beitrag von Nils Klawitter.

chung des Einflusses der IG Farben-Industrie auf die DSW vorgeworfen. Dieser Prozeß war ein Vorstoß, nun auch das in der ostzonalen Wirtschaft noch vorhandene Auslandskapital in Volkseigentum zu überführen.
Das Aufspüren "geheimer Monopole" und einer angeblich verdeckten Steuerung der Ostproduktion durch westliche Agenten entwickelte sich in den kommenden drei Jahren zum Leitmotiv der Arbeit der ZKK. Hierbei wurden innerdeutsche geschäftliche Beziehungen, die über Zonengrenzen hinweg jahrelang legal aufrechterhalten worden waren, plötzlich als Einfallstor gegnerischer Sabotageversuche interpretiert. Eine häufig angewandte Verfahrensweise der ZKK hierbei war es, mehrere Unternehmer, die derselben Industriebranche angehörten, gemeinsam vor Gericht zu stellen. Der Vorwurf lautete stets, diese hätten "illegale Unternehmerorganisationen" gebildet. Generell war die Vereinigung von Unternehmern seit Bestehen der SBZ untersagt. Dieses Verbot ermöglichte es der SED, jegliche Form der Zusammenarbeit und des Informationsaustausches unter Betriebsinhabern als "illegale Unternehmerorganisation" zu kriminalisieren. Hierbei wurden die Organisationsformen der Unternehmervereinigung als Interessenvertretung auf der einen Seite und des Unternehmenszusammenschlusses auf vermögensrechtlicher Grundlage auf der anderen Seite (also Konzerne, Kartelle, Trusts) begrifflich nicht geschieden, sondern gleichermaßen als "illegale Unternehmervereinigung" verfolgt. Beispiele hierfür sind der erwähnte Modellprozeß gegen Textilfabrikanten in Glauchau-Meerane, ein Verfahren gegen Glasproduzenten in Leipzig, gegen Papierfabrikanten in Dresden und Inhaber von Rauchwarenbetrieben in Schkeuditz.

- Eine vierte Kategorie von Ermittlungen der ZKK richtete sich gegen einzelne Politiker bzw. Verwaltungs- und Genossenschaftsangehörige, die als angebliche Saboteure für Mißstände innerhalb des Staats- und Wirtschaftsapparates verantwortlich gemacht wurden.
Hierzu gehören der Prozeß gegen den - geflüchteten - thüringischen Finanzminister Moog (LDPD) im Dezember 1950 wie auch die Ermittlungen gegen den Generaldirektor der Reichsbahn, Willi Kreikemeyer. Eine Erklärung für Versorgungsmängel sollten auch verschiedene Verfahren gegen Angestellte des Konsumverbandes und der staatlichen Handelsorganisation liefern.

Die Versorgungskrise Ende des Jahres 1952 veranlaßte eine besonders intensive Suche der ZKK nach Saboteuren. So nahm das Präsidium des Ministerrates am 15. Dezember 1952 den Bericht Langes über die "bewußt desorganisierende Tätigkeit" der Leitung des Ministeriums für Handel und Versorgung entgegen; in der Folge wurde Minister Hamann (LDPD) abgesetzt und zu einer Zuchthausstrafe wegen "Sabotage der Versorgung" verurteilt. Im selben Monat verfaßte die ZKK einen Bericht über die "völlige Desorganisation des Transportwesens" in der Kohlenversorgung, die zur Verhaftung des Leiters der Hauptabteilung Steinkohle im Ministerium für Erzbergbau und Hüttenwesen und des Hauptdirektors des Steinkohlenreviers Zwickau-Oelsnitz führte aufgrund ihrer angeblich planmäßigen Schädlingsarbeit im Bergbau.[18]

Neben den soeben dargestellten Verfahren und Ermittlungen, die einer breiten Öffentlichkeit bekanntgemacht wurden, waren die Organe der ZKK in den Jahren 1948 bis Mitte 1953 an einer Vielzahl von Einzelverfahren gegen Inhaber privater Betriebe und sogenannte Großbauern beteiligt.

Aufgrund der lückenhaften Überlieferung der ZKK und ihres regionalen Unterbaus in der Außenstelle des Bundesarchivs in Coswig fällt es schwer, den Gesamtumfang der Ermittlungstätigkeit zu ermessen. Als recht ergiebige Quelle erwiesen sich Berichte, die die Bevollmächtigten der ZKK in den Bezirken über die monatlich durchgeführten Strafverfahren abzuliefern hatten, so daß eventuell eine Fallstudie für die Strafverfolgung innerhalb eines Bezirks möglich wird. Interessant ist auch die Frage, woher jeweils der Anstoß zum Beginn von Ermittlungen kam. Für die großen Schauprozesse sind zum Teil Politbüro-Beschlüsse oder auch SMAD-Anordnungen nachzuweisen. Allerdings gab es auch Fälle, die nicht von zentraler Partei- bzw. Kommissionsebene initiiert wurden, sondern auf der lokalen Ebene selbst entstanden. Maßgeblich war hierbei das Bestreben Volkseigener Betriebe bzw. Landwirtschaftlicher Produktionsgenossenschaften, die lästige private Konkurrenz auszuschalten bzw. sich die Kapazitäten der Privatbetriebe einzuverleiben. Häufig meldeten schon im Verlauf eines Wirtschaftsstrafprozesses volkseigene Betriebe ihr Interesse an der Übernahme eines Unternehmens bei der

[18] BArch Coswig, D C-1, 686.

Wirtschaftsverwaltung an, falls dieses in Volkseigentum überführt werden sollte.

ZKK und Justiz

Bereits bei der Vorstellung der neuen Kommission auf der Ersten Staatspolitischen Konferenz der SED in Werder im Juli 1948 hatte sich die Leiterin der Personalabteilung der Deutschen Justizverwaltung, Hilde Benjamin, beunruhigt über die Kompetenzen der ZKK gezeigt und Ulbricht diesbezüglich zur Rede gestellt:
"Was Gen. Lange vorschlägt, scheint der gegenwärtigen politischen Situation nicht gerecht zu werden. Die Justiz hat heute noch einen selbständigen Apparat. Ich kann mir durchaus eine politische Situation denken, wo man den Justizapparat zeitweilig beiseitestellen wird.
(Ulbricht: Nein, das wird nicht geschehen!)
Aber diese Situation besteht heute nicht. Deshalb halte ich es nicht für richtig, die Funktion der Justiz der Kontrollkommission zu unterstellen. Ich bitte Euch, mir den Satz zu erläutern: Die Kontrollkommission sowie die Landeskontrollkommissionen haben das Recht, falls ein begründeter Verdacht strafbarer Handlungen vorliegt, festzunehmen und sicherstellen zu lassen. Sind die Gerichte einfach Jasager? Haben sie das Formular mit dem Antrag, der ihnen vorliegt, zu unterschreiben, oder haben sie das Recht zu selbständiger Prüfung, ob ein begründeter Verdacht vorliegt.
(Ulbricht: Du sprichst so, als ob Deine Richter und Justizangestellten demokratisch wären. Das ist eine Vorspiegelung falscher Tatsachen.)
- [...] Wenn ein Haftbefehl verlangt wird, soll die Kontrollkommission das Gericht fragen? Man soll den Mut haben, zu sagen: Die Kontrollkommission kann Haftbefehle erlassen.
(Ulbricht: So leicht wird es Euch nicht gemacht.)
- Dann darf das Gericht auch nein sagen.
(Ulbricht: Bitte, dann werden wir weitersehen.)"[19]

Ulbricht beteuerte, daß auch für die Zukunft keine Absicht vorhanden sei, "die Rolle der Justiz irgendwie zu verkleinern".[20] Die Bedenken Ben-

[19] **BArch DY 30, IV 2/1.01/95, Bl. 195.**
[20] Ebd., Bl. 199.

jamins erwiesen sich in den folgenden Jahren jedoch als allzu berechtigt. Die Kommissionsmitarbeiter überschritten regelmäßig ihre - ohnehin schon weitgefaßten - offiziellen Kompetenzen, indem sie Anklageschriften und Eröffnungsbeschlüsse abfaßten und veränderten, die Prozesse durch Ausübung von Druck auf Richter und Staatsanwälte steuerten, den Prozeßverlauf überwachten und Meldungen an ZKK und Parteiführung weitergaben. Zur Illustration seien zwei Beispiele genannt: In der Vorbereitungsphase des Prozesses gegen den Konsumverband Brandenburg wurde von verschiedenen Justizvertretern versucht, die Durchführung des Strafverfahrens zu verhindern, da man die Angeklagten für unschuldig hielt. Der nominierte Richter Hirsch der Großen Strafkammer des Landgerichts Potsdam hatte nach Übernahme der Akten erklärt, daß die Angeklagten für ihre Handlungen nicht bestraft, sondern belobigt werden müßten, auch Landgerichtspräsident Dzida sträubte sich gegen eine Bestrafung. Erst nach einer eindringlichen “Belehrung” durch die Landeskontrollkommission wurde das Verfahren eröffnet. Da der Kontrollkommission der Eröffnungsbeschluß jedoch als zu milde erschien, wurde er auf ihren Wunsch abgeändert, Richter Hirsch schließlich aufgrund der “Parteiergreifung für die Angeklagten” abgelehnt. In der Folgezeit verhandelte die ZKK zwei Monate lang mit der Landesleitung der SED und den Justizorganen, um einen Gerichtsvorsitzenden für diese Strafsache zu finden. Auch Minister Fechner schaltete sich in die Angelegenheit ein und suchte, die Verteidigung der Angeklagten zu unterstützen. Dennoch erfolgte nach der Hauptverhandlung im Juli/August 1952 unter dem Vorsitz der Richterin Adrian die Verurteilung nach Befehl 160 der SMAD und nach der Wirtschaftsstrafverordnung zu Zuchthausstrafen.[21]
ZKK-Angehörige überwachten in der Regel auch die von ihnen betreuten Prozesse. In besonders wichtigen Fällen geschah dies durch Fritz Lange persönlich. So war es auch im Verfahren gegen die Deutsche Continental-Gas-Gesellschaft. Lange sandte einen ausführlichen Bericht über den Prozeßverlauf an Ulbricht. Der folgende Ausschnitt offenbart die weitgehenden Interventionsmöglichkeiten der ZKK gegenüber der Justiz:
“Das Auftreten des Generalstaatsanwaltes zeigte anfangs eine völlige Verkennung der Bedeutung dieser Position unter völliger Außerachtlassung der Auswirkung des Prozesses. Der Generalstaatsanwalt war

[21] BArch Coswig, D C-1, 1278.

zwar zuvor von der Zentralen Kommission für Staatliche Kontrolle in mehreren Besprechungen dringlich und demonstrativ darauf aufmerksam gemacht worden, daß die an und für sich sehr komplizierte Verhandlungsmaterie ein ernstes Studium bis in die Einzelheiten hinein erfordert und mit einem heftigen Widerstand etlicher Angeklagter zu rechnen ist. [...] Im weiteren Verlauf des Prozesses, insbesondere bei der Vernehmung des alten Konzernfuchses Müller, zeigte sich abermals, wie wenig der Generalstaatsanwalt von der Sache versteht [...]. Am Ende des zweiten Verhandlungstages erlaubte er sich eine politische Geschmacklosigkeit, indem er den Angeklagten Müller völlig unmotiviert fragte, welcher Partei er jetzt angehört. Die Art und Weise der Fragestellung war so plump, daß jeder merkte, daß wir der CDU ein Ding auswischen wollen. Diese Entgleisung des Generalstaatsanwaltes wird heute durch geschickte weitere Fragestellung korrigiert werden, damit die CDU keine Möglichkeit hat, die Objektivität des Gerichtes zum Gegenstand einer Diskussion im Block zu machen. [...] Hinzu kommt, daß täglich vier bis fünf Besprechungen mit dem Gericht, der Generalstaatsanwaltschaft und mit uns stattfinden, in denen begangene Fehler oder zu erwartende Komplikationen gründlichst durchdiskutiert werden. [...] Auch während der Verhandlung ist es uns möglich, durch einen organisierten Zetteldienst Hinweise und Ratschläge zu geben, die in den meisten Fällen auch beachtet werden. [...] Das Plädoyer für den Generalstaatsanwalt wird mit uns voher besprochen werden. [...] Im Augenblick (11 Uhr) findet die Vernehmung des Kaatz statt, die von der Vorsitzenden Benjamin meisterhaft geführt wird. [...] Es besteht allerdings die Gefahr, daß auch jetzt Mehlsheimer wieder versucht, durch geistlose Befragungen aufzufallen. [...] 11,30 Das Unglück ist schon wieder eingetreten. Melsheimer zerquatscht durch seine unqualifizierte Fragerei das prächtige Ergebnis, das die Genossin Hilde Benjamin erzielt hat. Es war vereinbart worden, sich mit Kaatz in keine juristischen Auslegungskünste einzulassen, sondern das bisherige Ermittlungsergebnis als gegeben zu betrachten und dem Kaatz lediglich etliche Fragen zu stellen, die mit Ja oder Nein zu beantworten sind, um dann von gerichtswegen festzustellen, daß weitere Fragen sich erübrigen. Statt dessen fängt Mehlsheimer schon wieder eine Feilscherei an [...]. In dieser Angelegenheit werden wir ihn in der Verhandlungspause wieder zurechtrücken müssen."[22]

Die Konflikte zwischen ZKK und Justiz lassen sich insgesamt recht vollständig nachzeichnen, da die ZKK sich über auftretende Schwierigkeiten bei der Parteiführung zu beschweren pflegte. Besonders in einem umfänglichen "Bericht über die Verhältnisse in der Justiz", den Lange am 27. Juni 1951 an Ulbricht sandte, wurden die verschiedenen Zusammenstöße von ZKK- und Justizvertretern bei der Vorbereitung und Durchführung von Verfahren zusammenfassend und nach Ländern geordnet aufgezählt. Das Fazit der ZKK lautete dabei, daß die "Justiz ihre Aufgaben im demokratischen Staat nicht erfüllt."[23]

Sowjetische Vorbilder

Fritz Lange wies als Vorbild für das strafrechtliche Vorgehen gegen Privatunternehmer ausdrücklich auf den sogenannten Ramsin-Prozeß hin, der 1930 in der Sowjetunion stattgefunden hatte.[24]
Die wirtschaftliche Umbruchsphase in der Sowjetunion nach Verabschiedung des ersten Fünfjahrplanes wurde Ende der 20er und Anfang der 30er Jahre von der Durchführung zahlreicher Prozesse gegen sogenannte Spionageorganisationen im Staats- und Wirtschaftssapparat begleitet. Die Verfahren waren darauf angelegt, die Wirtschaftsfachleute des Landes zu diskreditieren und schrittweise durch neue, parteitreue Spezialisten zu ersetzen. Weiterhin suchte man von der Verantwortung der Sowjetführung für ökonomische Fehlentwicklungen abzulenken, indem auftretende wirtschaftliche Probleme auf die angebliche Sabotagetätigkeit der Angeklagten zurückgeführt wurden. Im Ramsin-Verfahren, auch bekannt als Prozeß gegen die "Industrie-Partei", wurden führende Techniker und Wissenschaftler beschuldigt, mit der Unterstützung westlicher Mächte den Umsturz in der Sowjetunion geplant zu haben. An der Untersuchung des Falles war die sowjetische Behörde Rabkrin beteiligt, das institutio-

[22] **Zwischenbericht über den bisherigen Verlauf des Prozesses gegen Herwegen, Brundert u.a., 26.4.1950. BArch, D C-20, 918, Bl. 58ff.**

[23] BArch Coswig, D C-1, 5248.

[24] BArch DY 30, IV 2/1.01/95, Bl. 183.

nelle Vorbild der ZKK. Eine wichtige Funktion des Ramsin-Prozesses war, daß er den Anknüpfungspunkt bot für die folgende "Entlarvung" weiterer vermeintlicher Gruppen von Agenten und Saboteuren in anderen Behörden und Institutionen, die als Verästelungen der angeblichen Verschwörung um die Industrie-Partei gewertet wurden. Wie im Falle des Ramsin-Prozesses in der Sowjetunion wurde in der SBZ der Glauchau-Meerane-Prozeß als Ausgangspunkt für die Aufdeckung ähnlicher "Verbrechen" präsentiert.

Ausblick

Die Einleitung des Neuen Kurses im Juni 1953 brachte durch die Veränderungen auf wirtschaftspolitischem und strafrechtlichem Gebiet auch eine neue Aufgabenstellung für die ZKK und ihre Organe: Ihre Ermittlungstätigkeit in Wirtschaftsstrafsachen wurde abgestoppt, nunmehr rückte die Durchführung des Neuen Kurses in den Mittelpunkt ihrer Arbeitspläne. So überwachte die Kommission etwa die Rückgabe eingezogener Vermögenswerte.Wie die Tätigkeit des gesamten Staatsapparates hatte sich ihre Zielrichtung von der Einschränkung des Privatsektors der Wirtschaft zu dessen - kurzzeitiger - Förderung verschoben. In der Folgezeit trat die ZKK zwar noch vereinzelt als Untersuchungsorgan in Wirtschaftsstrafsachen auf, denn der eine oder andere 1953 unterbrochene Vorgang wurde in den kommenden Jahren schließlich doch noch zum Abschluß gebracht. Jedoch sank dieser Wirkungsbereich in der Folgezeit zur Bedeutungslosigkeit herab. Mit der Einleitung des Neuen Kurses endete die Zeit der großen Prozesse, die von der ZKK gesteuert und begleitet wurden. Fritz Lange verließ die Kommission 1954 und wurde zum Minister für Volksbildung ernannt. Unter seinem Nachfolger Ernst Wabra entwickelte sich die ZKK immer stärker zu einem fachlich orientierten Kontrollapparat, der die Verfolgung von "Wirtschaftsverbrechern", "Agenten" und "Saboteuren" anderen Ermittlungsorganen überließ.

Nils Klawitter

Die Rolle der ZKK bei der Inszenierung von Schauprozessen in der SBZ/DDR:

Die Verfahren gegen die "Textilschieber" von Glauchau-Meerane und die "Wirtschaftssaboteure" der Deutschen Continental-Gas-AG[1]

1. Wirtschaftsstrafprozesse: Prüfsteine einer "neuen" Justiz

Die Prozesse von Glauchau im November 1948 und Dessau im April 1950 waren die ersten Schauprozesse aufgrund des Wirtschaftssabotage-Befehls Nr. 160 der SMAD. Im Verfahren von Glauchau ging es um die Überwindung wirtschaftlicher Not durch Kompensationsgeschäfte, in Dessau um die Behauptung von Besitzansprüchen einer in der SBZ enteigneten Gesellschaft in den Westzonen. Für das neue Justizsystem in der SBZ/DDR bedeuteten die Prozesse die erste Bewährungsprobe. An ihnen zeigte sich, wie eingespielt die Akteure des Justizapparates aufeinander waren, wie effektiv die Justizsteuerung nach der Entnazifizierung und dem umfassenden Eliteaustausch im Justizapparat funktionierte, wie sich die mit einer juristischen Minimalausbildung ausgestatteten Volksrichter bewährten, kurz: wie schnell der Zugriff der SED auf die Justiz aufgrund des in der marxistischen Rechtslehre angelegten instrumentellen Rechtsverständnisses möglich war.[2]

1 Vortrag am 13.11.1996.

2 Nach Walter Ulbricht waren Gesetze "Hebel [...] des gesellschaftlichen Aufbaus [...] auf der Grundlage des Sozialismus", vgl. Walter Ulbricht, Die Staatslehre des Marxismus-Leninismus und ihre Anwendung in Deutschland, in: StuR 1958, S. 325-349, S. 340. Das Standardwerk des Staatsrechts in der DDR maß dem Recht die Bedeutung bei, "die Politik der SED [...] zu verwirklichen", vgl. Autorenkollektiv, Staatsrecht der DDR. Lehrbuch, 2. Aufl., Berlin (Ost) 1984, S. 17. Zur Funktionalisierung des Rechts vgl. Ernst-Wolfgang Böckenförde, Die Rechtsauffassung im kommunistischen Staat, Mün-

In beiden Verfahren setzte die SED-Führung die Justiz um politischer Ziele willen in Bewegung, die über die Erhaltung der staatlichen Ordnung hinausgriffen.[3] Die beiden Prozesse zählen zum politischen Strafrecht, da die kommunistische Führung der SBZ/DDR in den Taten eine Gefährdung ihres Regimes erblickte oder dies zumindest vorgab.[4] Es blieben die beiden größten Schauprozesse ihrer Zeit: Im Glauchauer Verhandlungslokal "Lindenhof" wurde vor 1000 Zuschauern verhandelt, im Dessauer Theater vor 1200. Von der Arbeit befreite und auf LKWs herbeigefahrene Betriebsdelegationen sorgten für volle Ränge. In endlosen Artikeln bereitete die SED-Presse Monate vorher auf die Verhandlungen vor. Betriebe sandten Musterresolutionen, in denen die härteste Bestrafung der Saboteure gerade recht genug war und auf Massenkundgebungen wurde "einstimmig" deren Todesstrafe gefordert.

Die Wirtschaftsstrafprozesse von Glauchau und Dessau sollten sich als machtstabile Faktoren im Bewußtsein der Menschen verankern, Schneisen in der Erinnerung bilden und so traditionsbildend wirken. Als Fixpunkte der Justizentwicklung und Beispiele für Wachsamkeit und Kontrolle konservierte sie die SED bis 1989.[5] Im Januar 1948 gab Ernst Melsheimer, damals noch Vizepräsident der deutschen Zentralverwaltung der Justiz (DJV), die justizolitische Linie der SED aus:

chen 1967, S. 28ff.

3 Vgl. dazu grundlegend Otto Kirchheimer, Politische Justiz, Neuwied, Berlin 1965, hier S. 80ff.

4 Vgl. Wolfgang Schuller, Geschichte und Struktur des politischen Strafrechts der DDR bis 1968, Ebelsbach 1980, S. 7.

5 Erinnerungsstützend wirkte die unveränderte Interpretation der Prozesse bis zum Ende der DDR. So erschien in dem sächsischen SED-Organ "Freie Presse" am 2. September 1988 anläßlich des 40. Jahrestages des Glauchauer Prozesses ein Artikel unter dem Titel: "Entschlossenes Vorgehen gegen Spekulanten und Saboteure". Der Autor des Artikels wußte noch genau, daß "enge Beziehungen [...] zu Agentenzentralen in den Westzonen und Westsektoren Berlins" bestanden hätten. Und Günter Sarge und sein Redaktionskollektiv sahen in dem DCGG-Prozeß noch 1989 "ein Strafverfahren gegen Agenten, Saboteure und Konterrevolutionäre, die sich in leitende Wirtschaftspositionen eingeschlichen hatten", vgl. Redaktionskollektiv unter Leitung von Günter Sarge, Das Oberste Gericht der DDR. Rechtsprechung im Dienste des Volkes, Berlin (Ost) 1989, S. 65.

"Man soll beherzigen, daß es ein alter revolutionärer und demokratischer Grundsatz ist, daß man einen Staat dann umwandelt, wenn man zwei Dinge in der Hand hat: Die Polizei und die Justiz. Die Polizei hat man in der Hand, die Justiz noch nicht. Daß wir sie in die Hand bekommen, sollte unser Ziel sein."[6]

Die Inpflichtnahme und Steuerung der Justiz übernahm die am 29. Mai 1948 gegründete ZKK.[7] Zuerst nur als Kontrollorgan der Plandisziplin vorgesehen, entwickelte sich die ZKK schnell zum Exekutivorgan der SED. Auf der ersten Staatspolitischen Konferenz der SED am 23./24. Juli 1948 deutete ZKK-Chef Fritz Lange mit einem Stalin-Zitat die Arbeitsrichtung seiner Kommission an: "Eine gut organisierte Kontrolle der Durchführung ist jener Scheinwerfer, der uns hilft, den Stand eines Apparates zu jeder beliebigen Zeit zu beleuchten und die Bürokraten und Klassenmenschen ans Licht zu ziehen."[8]

Formal verfügte die ZKK im Juli 1948 noch über keine Rechte,[9] doch ihr erster Einsatz war schon programmiert. Er führte die ZKK-Mitarbeiter Ende Juli ins südwestliche Sachsen, in das Gebiet der Textil- und Bekleidungsindustrie.

6 Ernst Melsheimer, 3. Tagung des Ausschusses für Rechtsfragen beim ZS der SED (3./4. Januar 1948), Protokoll S. 232, Stiftung Archiv der Parteien und Massenorganisationen der DDR im Bundesarchiv Berlin (SAPMO) DY 30, IV 2/101/70 (folgend nur noch BArch DY 30), zitiert nach: Hubert Rottleuthner, Steuerung der Justiz in der DDR, hrsg. vom Bundesministerium der Justiz, Köln 1994, S. 21.

7 Vgl. Wolfgang Zank, Wirtschaftliche Zentralverwaltungen und Deutsche Wirtschaftskommission (DWK), in: SBZ-Handbuch, hrsg. von Martin Broszat und Hermann Weber, München 1990, S. 253-290, S. 269; und der Beitrag von Jutta Braun in diesem Band. Grundlage für die Bildung der ZKK war der SMAD-Befehl Nr. 32 vom 12. Februar 1948 über die Vollmachten der DWK.

8 BArch DY 30, IV 2/13/110, Bl. 193.

9 Das Statut der ZKK erließ die DWK erst am 1. September 1948. Danach konnte die ZKK Polizei und Staatsanwaltschaft beauftragen, Personen festzunehmen, Beschlagnahmungen durchzuführen und Strafverfolgungen einzuleiten, vgl. BArch DY 30, IV 2/13/110, unpag.

2. Der Prozeß gegen die Textilschieber von Glauchau-Meerane

In der Gegend um Zwickau und Chemnitz war die Textilverarbeitung seit dem 14. Jahrhundert das bedeutendste Gewerbe. Allein aus dem Landkreis Glauchau kam rund ein Fünftel der Produktion der sächsischen Textilindustrie. Die beiden Hauptstandorte waren die zwischen Gera und Chemnitz gelegenen Städte Glauchau und Meerane. Die Enteignungswelle hatte die Mittelbetriebe der sächsischen Textilindustrie (50 bis 200 Beschäftigte pro Betrieb) bis dahin verschont: fast 90 Prozent der Textilmaschinen waren in Privatbesitz geblieben. Doch die wirtschaftliche Wiederbelebung im Kreis war schwer, die Ernährungslage auch 1948 noch kritisch, viele Arbeiter waren krank. Um die Produktion aufrechtzuerhalten und um die Arbeiter mit warmen Mahlzeiten zu versorgen, mußten die Betriebe kompensieren, Tauschhandel betreiben. Das war durch Kontrollratsgesetz Nr. 50 vom 7. April 1947 und durch den Wirtschaftssabotage-Befehl Nr. 160 der SMAD vom 3. Dezember 1945 verboten. Doch wie überall in Deutschland wurden trotzdem Waren getauscht: Bindegarn gegen Kartoffeln, Musterstoffe gegen Benzin, weil die Zuteilung von zehn Litern im Monat nicht ausreichte. Zur Linderung der Not gründete ein Textilunternehmer in Meerane eine städtische Kooperative, die Krankenhäuser und Kindergärten mit Lebensmitteln versorgte. Auch er wurde später verurteilt.

Die Kompensationen geschahen nicht im Geheimen. In Glauchau-Meerane wurden sie von der Stadtverwaltung, den Gewerkschaften und der SED mitgetragen. Auch die SMAD schraubte die Hemmschwelle für Kompensationen herunter, denn sie beteiligte sich daran.[10]

[10] Vgl. Zank, S. 264. So kompensierte die SAG Schwarzheide Benzin und Treibgas gegen Papier und Metalle, Bundesarchiv, Abteilungen Potsdam (BAP), Außenstelle Coswig, DC-1-3295, Bl. 10. Unerlaubte Barverkäufe von Stoffen seien - so die Glauchauer Angeklagten zu ihren Verteidigern - auf Anforderung der sowjetischen Wirtschaftsoffiziere getätigt worden, vgl. das Schreiben der sächsischen Generalstaatsanwaltschaft an ZKK-Chef Fritz Lange vom 19. November 1948, BAP P-3-25, Bl. 108.

2.1. Ermittlungshoheit vor Ort: Einschüchterung der Justiz durch die ZKK

Durch die wirtschaftlichen Engpässe kam es in der sächsischen Textilindustrie zu Lieferverzögerungen gegenüber anderen Ländern der SBZ. Im Frühjahr 1948 überprüfte der Glauchauer Kreisrat deshalb mehrere Textilfirmen, ohne jedoch Wirtschaftsvergehen festzustellen. Dann, Ende Juli 1948, fuhr in Meerane eine Wagenkolonne mit 40 Kontrolleuren der ZKK vor; Leiter der Aktion: Anton Ruh, Vertreter des ZKK-Chefs Fritz Lange. Innerhalb weniger Wochen verhafteten die ZKK-Mitarbeiter über 30 Textilhändler. Der örtliche Justizapparat wurde gangbar gemacht: Die ZKK-Mitarbeiter nötigten die Glauchauer Amtsrichter zu Verhaftungen, die sie selbst gar nicht einsahen, weil ihnen die Verdachtsmomente konstruiert schienen.[11] Bei den Verhören mißhandelten die ZKK-Beamten mehrere Verdächtige, um Geständnisse zu erpressen. Der Strumpffabrikant Horst Pfotenhauer, vom sächsischen Wirtschaftsminister Fritz Selbmann als Abteilungsleiter "Leichtindustrie" ins Wirtschaftsministerium geholt, wurde am 6. August 1948 von Polizisten und ZKK-Mitarbeitern verhaftet. Nach der Vernehmung am selben Abend, bei der er ins Gesicht geschlagen wurde, versuchte er, sich in der Nacht zum 7. August die Pulsadern aufzuschneiden.[12] Die ZKK wies die Glauchauer Amtsanwälte an, die Festgenommenen in Einzelhaft unterzubringen und keine Sprecherlaubnis zu gewähren. Als der Amtsanwalt Großmann den Angeklagten dennoch Unterredungen mit deren Anwälten gestattete, drohte ein Vertreter der ZKK, ihn zu verhaften. In diesem Fall konnte der antelefonierte sächsische Justizminister Johannes Dieckmann den Glauchauer Amtsanwalt noch schützen. Wenige Tage später mußte Großmann fliehen.

11 Dietrich Großmann, Strafverfolgung in der Ostzone, in: Frankfurter Hefte, Nr. 5/1949, S. 434-441, S. 436ff.

12 Bericht des Amtsgerichtsrates Dr. Vogel, BAP P-3-25, Bl. 1f. Pfotenhauer wurde am nächsten Tag anscheinend auf Intervention Selbmanns freigelassen. Wenige Tage darauf erhängte er sich in der Nähe seines Bernsdorfer Grundstücks, vgl. Großmann, S. 439; "Der Abend", 11. Dezember 1948. Der Betriebsleiter Helmut Eichler wurde von einem ZKK-Mitglied am 5. August 1948 aus seiner Wohnung "abgeholt" und einem fünfstündigen Verhör unterzogen. Dabei wurde er geschlagen, und ein ZKK-Mitarbeiter bedrohte ihn mit einem Revolver, BAP P-3-25, Bl. 2f.

Dieckmanns Macht als LDP-Justizminister war begrenzt. Sie wurde überlagert durch das Zusammenspiel der ZKK mit der sächsischen Generalstaatsanwaltschaft, wo mit Fritz Lange und dem Generalstaatsanwalt Rolf Helm zwei SED-Mitglieder saßen. Helm entzog das Verfahren der Glauchauer Amtsanwaltschaft und übertrug es dem Landgericht Zwickau. Den Grund dafür lieferte die ZKK: Der Glauchauer Amtsanwalt Großmann würde den Beschuldigten "stundenlange Unterredungen mit ihren Rechtsanwälten" gewähren.[13]

Der einen Monat dauernde Auftritt der ZKK, die als schnelle Eingreiftruppe in Glauchau-Meerane einfiel, hatte Spuren bei den zuständigen Justizfunktionären hinterlassen. Die üblichen Steuerungsstrukturen durch übergeordnete Gerichte, den Generalstaatsanwalt und den Justizminister des Landes und die DJV, verdoppelt durch die jeweilige "Parteistrecke" - vom Politbüro, ZK-Sekretariat und Plenum, ZK-Abteilungen bis zu den Bezirks- und Kreisleitungen - waren durch die ZKK-Weisungen nachrangig geworden. So war die Zwickauer Oberstaatsanwaltschaft Anfang September schon so diszipliniert, daß sie die Entscheidung, welche Personen angeklagt werden sollten, der ZKK überließ, die nach dem Ende der Untersuchung sämtliche Strafakten nach Berlin mitgenommen hatte.[14]

13 BAP P-3-25, Bl. 4f. Kurz vor seiner Flucht suchte Großmann seinen Vorgesetzten, den Generalstaatsanwalt Helm, in Dresden auf. Helm meinte zu Großmann: "Die Staatsanwaltschaft ist nicht dazu da, Entlastungsmaterial zu sammeln. Es war ihre Aufgabe, die Tätigkeit der ZKK zu unterstützen." Großmann verwies auf die in der SBZ immer noch gültige StPO, wonach auch die Staatsanwaltschaft be- und entlastendes Material sammeln müßte. Darauf antwortete Helm: "Das war ihre Aufgabe im bürgerlich-kapitalistischen Staat." Dietrich Großmann sollte am Morgen des 2. September 1948 in Meerane verhaftet werden, befand sich jedoch wegen der Unterredung mit dem sächsischen Generalstaatsanwalt bei einem Bekannten in Leipzig. Am 3. September flüchtete er nach West-Berlin, vgl. Großmann, S. 441. Er wurde im Glauchauer Prozeß in Abwesenheit zum Tode verurteilt.

14 Vgl. den Brief der Oberstaatsanwaltschaft an Helm vom 5. September 1948, BAP P-3-25, Bl. 33f.

2.2. Prozeßvorbereitung unter der Regie der ZKK

Es ging darum, die vermeintlichen Wirtschaftsvergehen der Öffentlichkeit in großem Stil als politische Verbrechen zu präsentieren. Das stand schon fest, bevor die Untersuchungen abgeschlossen waren. Anfang September wurde durch die ZKK im Gespräch mit Vertretern der Zwickauer Oberstaatsanwaltschaft festgelegt, daß die Verfahren vor der großen Strafkammer "in einem großen Schauprozeß durchgeführt werden" sollen. Nach Einvernehmen mit der SMAD stand bereits Ende September fest, daß mindestens zwei Todesurteile zu erwarten waren.[15] Unter keinen Umständen sollte einer der Betriebsführer freigesprochen werden.

Während die Ermittlungen und Prozeßvorbereitungen bis Mitte September örtlich begrenzt und möglichst verdeckt abgelaufen waren, wurde am Morgen des 15. September die Bevölkerung der ganzen SBZ darüber informiert, daß "riesige Textilschiebungen in Sachsen aufgedeckt"[16] worden waren. Angeblich hatte die ZKK ermittelt, daß 13 Betriebe in Glauchau und Meerane für 9 Millionen Mark ungesetzliche Verkäufe aus ihren Lagern getätigt und 1,3 Millionen Meter Stoffe verkompensiert haben.

Diese "größten bisher aufgedeckten Wirtschaftsverbrechen der Ostzone" waren für die SED mehr als bloße Straftaten. Sie wurden zum "politischen Signal" des Klassenkampfes stilisiert, zum Versuch reaktionärer Unternehmer, "die Wirtschaftspläne der neuen Demokratie zu sabotieren", um ihre alte Machtstellung wieder aufzurichten.[17]

[15] Vgl. 17seitiger Bericht eines bis 1948 amtierenden Staatsanwaltes des LG Zwickau ("Wirtschaftsstrafsachen in Glauchau und Meerane"), Archiv der sozialen Demokratie der Friedrich-Ebert-Stiftung (AdsD), Best. Ostbüro, Akten des PV der SPD, Bd. 0048C (02286), unpag. Dieser Bericht eines Ostbüro-Informanten ist am 23. Oktober 1948, also rund einen Monat vor der Verhandlung, verfaßt worden. Der Plan von zwei Todesstrafen gegen anwesende Angeklagte wurde eingehalten.

[16] "Sächsische Zeitung", 15. September 1948. Die Zeitungsberichte dieser Tage lehnten sich an den von der ZKK veröffentlichten Bericht zu der Situation in Glauchau-Meerane an.

[17] Hildegard Heinze, Neue Justiz 1949, S. 5; Landesvorstand Sachsen der SED, Die Maske runter, S. 1.

Um die Besetzung des Gerichts kümmerte sich die ZKK. Ihr Chef, Fritz Lange, forderte Generalstaatsanwalt Helm auf, für das Verfahren "einen besonders tüchtigen, energischen und einwandfreien Staatsanwalt zu berufen"[18]. Im Laufe der Verhandlungen griff die ZKK auch direkt in die Besetzung der Strafkammer ein.[19] Die Wahl fiel auf drei Absolventen der neuen Volksrichterschulen, die 1946 in der SBZ gegründet worden waren. Die Absolventen der einjährigen Kurzlehrgänge waren anscheinend eine gute Garantie für die Einhaltung des Regieplanes der ZKK. Sogar die Anklageschrift wurde der ZKK zur Begutachtung vorgelegt.

Um die intendierte politische Wirkung mit dem Prozeß zu erzielen, mußte die politische Führung dafür sorgen, daß ihre Interpretation des Geschehenen sich in das allgemeine Bewußtsein einprägte. Die dafür gewählte Methode war typisch für politische Schauprozesse: Die vor dem Prozeß durch die politisch Verantwortlichen festgelegten Höchststrafen sollten durch die "werktätigen Massen" artikuliert und so "spontaner" Druck von außen erzeugt werden.

Am Tag der Veröffentlichung des Berichtes der ZKK in den Zeitungen traf sich das Sekretariat des LV der SED Sachsen:

"Gen. Edel berichtet über die Vorbereitungen des Prozesses. [...] Es soll durch die Massen gefordert werden, daß die Todesstrafe zur Anwendung kommt. [...]
Gen. Ellrodt: Es handelt sich nicht nur um Sabotage und Wirtschaftsvergehen. Wir müssen herausstellen, daß es ein großer Angriff gegen die neue demokratische Ordnung ist. Die neue Demokratie muß zuschlagen. [...]

18 BAP P-3-25, Bl. 6.

19 Zur Gerichtsbesetzung durch die ZKK schrieb der sächsische Generalstaatsanwalt am 22. Januar 1949 an die Staatsanwaltschaft beim LG Zwickau. "An diesen verpflichteten [gemeint: verpflichtenden, N.K.] Auftrag der ZKK sind die massgeblichen Stellen des Landgerichts Zwickau gebunden." Vgl. BAP P-3-26, Bl. 153. Mit der Durchkreuzung des festgelegten Geschäftsverteilungsplans des Gerichts verstieß die ZKK gegen § 16 des GVG von 1924 ("Niemand darf seinem gesetzlichen Richter entzogen werden"), das bis 1952 in der SBZ/DDR galt.

Gen. Große: [...] Den Widerhall bei der Bevölkerung für die Todesstrafe zu finden, ist der entscheidende Punkt."[20]

Die genauere politische Intention des Prozesses hatte der LV schon vorher in einer kleinen Runde von drei Mitgliedern festgelegt:

"Sie [die politische Vorbereitung, N.K.] muß darauf hinzielen, in der Situation des verschärften Klassenkampfes den Beweis zu führen, daß es sich nicht in erster Linie um kriminelle Vergehen handelt. [...] Es erweist sich und das muß betont werden - daß diese Sabotage am Wiederaufbau in direkter Verbindung mit Kreisen der westlichen Reaktion durchgeführt wurde. Vorbereitung und Berichterstattung zu dem Prozess müssen gleichzeitig eine abschreckende Wirkung erzielen. [...] Besonders stark müssen in der Vorbereitung und während des Prozesses alle Momente herausgehoben werden, die das Versagen und mangelndes Klassenbewußtsein großer Teile der Arbeiter aufzeigen."[21]

2.3. "Das Urteil wird von den Werktätigen zweifellos begrüßt"[22]: Die Propaganda und das Volk

Am Morgen des 29. November 1948 schien in Glauchau alles nach den Plänen der ZKK und des Landesvorstandes der SED zu laufen. Das Verhandlungslokal - der Saal des Gasthauses "Lindenhof" - war mit etwa 900 Personen gut gefüllt. Der FDGB hatte Delegationen aus verschiedenen Betrieben anreisen lassen. Wie durch den Landesvorstand der SED geplant, fand vor Prozeßbeginn eine Demonstration in Glauchau statt. Auf dieser Kundgebung forderten die Teilnehmer einmütig die "härteste Bestrafung" für die Saboteure - so wenigstens berichtete die "Sächsische Zeitung" am Tag darauf.[23]

Bei genauerer Betrachtung konnte der geplante Ablauf schon im Vorfeld nicht verwirklicht werden. Walter Ulbricht, der auf der Demonstration

20 SHAD, Bestand: SED-LL, Bd. 784, Bl. 179f.
21 SHAD, Bestand: SED-LL, Bd. 315, Bl. 28f.
22 "Sächsische Zeitung", 8. Dezember 1948.
23 "Sächsische Zeitung", 30. November 1948.

sprechen wollte, sagte sein Kommen ab. Warum, ist nicht bekannt. Bekannt war den Parteigremien der SED allerdings, daß die Textilindustrie Sachsens kein ideales Terrain war, um Arbeiter für die SED zu gewinnen. Die Verankerung der SED-Politik durch Parteigruppen in den Betrieben war in Glauchau-Meerane praktisch wirkungslos. Die parteipolitische Bindung an die SED war gering.[24] Berichterstatter wiesen die SED-Landesleitung mehrfach darauf hin, daß in den Textilbetrieben des Kreises Glauchau der "Sozialdemokratismus" noch nicht überwunden sei.

Das von der SED-Presse transportierte Bild der Kundgebung kann durch die Archivfunde zurechtgerückt werden. Im Sächsischen Hauptstaatsarchiv in Dresden sind im Bestand des Ministeriums des Innern Notizen von Kriminalbeamten aus ganz Sachsen gesammelt, die dem Innenministerium über den Prozeß und die Stimmung der Bevölkerung berichten[25] sollten. Ein Kripo-Beamter aus Plauen notierte über die Demonstration:

"Zur Kundgebung heute früh demonstrierten die Arbeiter aus den Betrieben mit Transparenten voran zum Marktplatz. Auf dem Wege dorthin fielen die Geschäftsstellen der LDP und CDU besonders auf, denn sie

24 Im Sächsischen Industriekontor (S.I.K.) waren nur 39 % der Belegschaft in Parteien und nur 22 % in der SED organisiert, vgl. ZKK-Bericht über das S.I.K. vom 29. Oktober, BAP DC-1-3297, Bl. 21f. In einem Bericht für das Amt für Information wird noch am 23. Mai 1951 eine geringe politische Aktivität in den Glauchauer Privatbetrieben festgestellt. Als Beispiel dienen die Kammgarnspinnerei Pflüger & Köhler, wo von 600 Mann Belegschaft nur 60 in der SED organisiert seien, und die Firma L. Bahner, wo von 470 Mann Belegschaft nur 32 in der SED seien, vgl. Sächsisches Hauptstaatsarchiv, Bestand: SED-LL, Bd. 653, Bl. 24ff.

25 Diese Berichte sind eine entscheidende Quelle, um die Reaktion der Bevölkerung auf die Inszenierung der Prozesse einschätzen zu können. Während Beamte aus größeren Städten (Zwickau, Leipzig, Chemnitz, Görlitz, Dresden) meist ungeschönt berichteten und ihre Informationen auch aus Diskussionen unter/mit den Arbeitern bezogen, schrieben die Beamten aus kleineren Städten (Kamenz, Zittau) teilweise mit parteipolitischer "Schere im Kopf", so daß ihre Berichte den der anderen Beamten widersprachen, vgl. alle Berichte, Sächsisches Hauptstaatsarchiv, Bestand: Ministerium des Innern, Bd. 132, Bl. 83-145.

hatten mit keinem auch noch so kleinen Hinweis in den Fenstern ihren Willen zur Bestrafung der Wirtschaftssaboteure bekundet. Bei der Abstimmung für die Todesstrafe (kamen die Arme doch) sehr zögernd und höchstens von der Hälfte der Anwesenden empor."[26]

In einem anderen Bericht eines Beamten heißt es: "Über die Abstimmung zur Resolution betreffs Todesstrafe wird geäußert, daß man ja doch die Hand heben müßte, wenn man nicht schief angeschaut werden will."[27]

Durch die Berichte entsteht das Bild einer sich differenziert äußernden, meist abwartenden Textilarbeiterschaft, die sich nicht von der Präjudizierung der SED vereinnahmen ließ. Ein Zittauer Beamter berichtet, daß im Gerichtssaal bemerkt wurde, "daß der Staatsanwalt zu scharf vorgehen würde, denn die Unternehmer hätten ja auch den Arbeitern gutes zukommen lassen"[28]. In einem anderen Bericht heißt es, daß die Angeklagten "ja doch nur für die Arbeiter das Beste wollten"[29] . "Die Meinung der breiten Masse ist, erst einmal abwarten, ob der Verlauf des Prozesses auch den Schuldbeweis so erbringt, wie die Zeitungen die Angeklagten belastet haben."[30] Die Arbeiter hielten sich auf Distanz. Sogar SED-Mitglieder übten Kritik: "Während einer Verhandlungspause äußerte ein SED-Genosse in der Diskussion mit anderen, daß er nicht verstehe, weshalb man die Angeklagten als Verbrecher bezeichnet, denn unter Verbrecher verstehe er etwas ganz anderes."[31] Ein Beamter aus Plauen schrieb über den vierten Verhandlungstag am 2. Dezember:

"Es wurden verschiedentlich Stimmen [...] laut, die u.a. die verschiedentlich erforderlichen Unterbrechungen der Rechtsanwälte der Angeklagten und Verteidiger durch das Gericht als bewußte Vereitelung ansahen [...] und nicht zuletzt auch sich mit den Angeklagten insofern solidarisch

[26] Ebd., Bl. 145f.
[27] Ebd., Bl. 105f.
[28] Ebd., Bl. 89.
[29] Ebd., Bl. 91f.
[30] Ebd., Bl. 101.
[31] Ebd., Bl. 102f. Eine 20jährige Weberin aus Glauchau meinte. "Ich bin der Meinung, daß die Leute unschuldig sind. Was sie verschoben haben entzogen sie den 'Russen', wir hätten sowieso nichts davon bekommen." Vgl. ebd., Bl. 123.

erklärten, als sie die gesamte Planwirtschaft und die weiteren demokratischen Errungenschaften verwarfen. [...] es fanden sich Leute, die diesen Personen entgegentraten und ihnen das Unverantwortliche ihrer Ansicht und Äußerung vor Augen hielten. So wurde diese Stimmung unterdrückt."[32]

Der Bericht zeigt, daß es für die SED selbst im Verhandlungssaal schwer war, ihre Hegemonie zu behaupten. Um den Prozeß politisch "nachzubereiten", plante die SED für Mitte Dezember Massenveranstaltungen in sächsischen Städten. Die Veranstaltungen sollten unter dem Motto "Gefahrensignale der Demokratie" stehen und der Bevölkerung Sachsens die "Lehren der Glauchauer Prozesse" vermitteln.[33] Zumindest in Chemnitz und Zwickau wurden die Kundgebungen zu einem Reinfall für die SED.[34]

2.4. Die neue sozialistische Gesetzlichkeit: In dubio contra reum

In den Prozessen vor dem Zwickauer Landgericht wurden 40 Textilunternehmer angeklagt. Das Urteil gegen die elf Hauptangeklagten erging am 7. Dezember. Sechs Angeklagte wurden zum Tode verurteilt, die meisten übrigen zu 15jährigen Zuchthausstrafen. Die Todesstrafen wurden allerdings nicht vollstreckt, sondern in lebenslängliche Zuchthausstrafen umgewandelt.[35] Nach über elf Jahren Haft wurde der letzte Hauptange

[32] Ebd., Bl. 142. In einem anderen Bericht heißt es: "Gegenteilige [nicht der Linie der Anklagevertretung entsprechende, N.K.] Ansichten wurden nicht laut; sollen solche wirklich nicht vorhanden sein oder fürchtet 'man' sich vor deren Vorbringen?" Vgl. ebd., Bl. 144f.

[33] BAP P-3-26, Bl. 97. Geplant waren Kundgebungen in Plauen, Dresden, Zwickau, Leipzig, Chemnitz, Zwickau, Glauchau, Freiberg, Görlitz und Bautzen. Sprechen sollten Kohn, Helm, Trotz, Flemming und Röbsteck.

[34] Ein Vertreter der Zwickauer Staatsanwaltschaft berichtete am 22. Dezember 1948 der Generalstaatsanwaltschaft, daß in Zwickau "die Besucherzahl mit etwa 300 bis 400 Personen zu wünschen übrig [ließ], in den Chemnitzer Wanderwerken waren aber nicht einmal diese anwesend, obwohl neben der 1500 Mann starken Belegschaft noch weitere 56 Betriebe vertreten sein sollten", vgl. BAP P-3-25, Bl. 195.

[35] BArch DY 30, IV 2/2/55, Bl. 2. Einem entsprechenden Vorschlag des Justizministers der DDR, Max Fechner, folgte das sächsische Kabinett am

klagte aus der Haft entlassen. Fünf Wochen später wurde er - wie die Glauchauer Staatsanwaltschaft in einer Akte vermerkte - republikflüchtig.[36]
Die Volksrichter waren mit der Verhandlung juristisch überfordert. Die komplizierte Bewirtschaftungspraxis mit einem verschlungenen Meldewesen war den Angeklagten "weit besser bekannt als den Richtern", berichtete ein Prozeßbeobachter der ZKK.[37] Anscheinend um diese Defizite zu vertuschen, erfüllten die Richter zumindest im Verfahren gegen die Hauptangeklagten ihre Aufgabe mit sozialistischem Übersoll: Mit ihren Urteilen lagen sie meist über den Anträgen der Staatsanwaltschaft. Wenn sich wegen einzelner Handlungen Zweifel bezüglich der Täterschaft ergaben, habe das Gericht, so der Vorsitzende Richter, "nicht nach dem alten Rechtsgrundsatz: In dubio pro reo, sondern nach dem Grundsatz: In dubio contra reum"[38] gehandelt.

Als die elf Hauptangeklagten verurteilt waren und die Verhandlungen gegen die übrigen Textilunternehmer begannen - der politische Druck im Gerichtssaal also nachließ -, fielen die Anklagen oft in sich zusammen. Die Staatsanwaltschaft mußte mehrfach eingestehen, daß sich die Prüfer der ZKK bei angeblichen Barverkäufen und Kompensationen verzählt hatten und die Anklage "recht dünn geworden" war.[39] Das OLG Dresden als Revisionsinstanz verwies einzelne Urteile zurück. Kompensationen seien, so die Begründung der Richter, vom sächsischen Wirtschaftsministerium geduldet gewesen.[40] Einige Angeklagte wurden sogar freigesprochen. Und dann, im Januar 1949, kam das Zwickauer Landgericht plötz-

19. Dezember 1949. Trotzdem wollte das Glauchauer Finanzamt noch am 16. März 1951 von der Zwickauer Staatsanwaltschaft wissen, ob das Todesurteil gegen den angeklagten Textilfabrikanten Bohrisch vollstreckt worden sei, vgl. BAP P-3-34, Bl. 20.

36 BAP P-3-34, Bl. 118.

37 BAP P-1-SE-2168A, Bl. 117ff.

38 Bericht eines Ministerialdirektors an das Justizministerium vom 7. Dezember 1948, SHAD, Bestand: Ministerium der Justiz, Bd. 556, Bl. 41; ebenso die Revisionsbegründung des Rechtsanwaltes Schaffrath, der die Angeklagten Scheibe und Brodmerkel vertrat, BAP P-3-40, Bl. 74.

39 So in dem Verfahren gegen die Gebrüder Klemm und Albert Zimmermann, BAP P-3-27, Bl. 150.

40 Vgl. BAP P-3-40, Bl. 248ff.

lich in große Argumentationsnot. Grund war ein Artikel des ZKK-Chefs Fritz Lange, in dem dieser Kompensationen bis zum Juli 1948 (Inkrafttreten des zweiten Halbjahresplans 1948) als "berechtigte Notlösung"[41] bewertete. Für Lange stand anscheinend fest, daß der Prozeß gegen die Hauptangeklagten die nötige Wirkung erzielt und das Prestige der ZKK bewiesen hatte. Es war an der Zeit, sich versöhnungsbereit zu geben.

3. Der DCGG-Prozeß

Die Deutsche Continental-Gas-Gesellschaft, 1855 gegründet und vor dem Zweiten Weltkrieg eines der größten Gasversorgungsunternehmen Europas, war nach 1945 durch die Kriegsverluste eine regional operierende Gesellschaft geworden. Der Schwerpunkt des Unternehmens lag in Sachsen-Anhalt. Die DCGG besaß jedoch einige bedeutende Beteiligungen in den Westzonen und Westberlin. Das Aktienkapital belief sich 1945 auf nominell 86 Millionen Reichsmark. Obwohl die DCGG im September 1946 enteignet wurde, beauftragte der Aufsichtsrat die vormaligen Vorstandsmitglieder Hermann Müller und Friedrich Methfessel (beide CDU) mit der treuhänderischen Führung des Betriebes. Vor allem der anhaltinische Wirtschaftsminister Dieker (SED) hatte sich für wirtschaftspolitischen Pragmatismus unter Einbeziehung alter Fachleute stark gemacht.

Im Wirtschaftsministerium gab es im Fall der DCGG zwei Positionen: Der Leiter des Amtes für die Neuordnung der Wirtschaft, Dr. Fritze, der für die Sequestrierungen verantwortlich war, forderte gemäß SMAD-Befehl Nr. 124 die entschädigungslose Enteignung der Gesellschaft und ihre Einverleibung durch die VVB Industriewerke. Demgegenüber vertrat Dieker, unterstützt durch seinen Ministerialdirektor Willi Brundert, die Position, daß die Versorgungsunternehmen des Landes in einer Gesellschaft zusammengefaßt werden sollten.[42] Diese Auffassung setzte sich zunächst durch. Um die Energiewirtschaft Sachsen-Anhalts zusammen-

[41] Fritz Lange, Über schädliche Erscheinungen in volkseigenen Betrieben, in: Der Volksbetrieb, 1/1949, S. 8.

[42] Vgl. Franz-Josef Kos, Politische Justiz in der DDR. Der Dessauer Schauprozeß vom April 1950, in: VfZG 7/1996, S. 395-429, S. 404f.

zufassen, wurde am 6. März 1946 die landeseigene Provinzialsächsische Energieversorgungs-AG (Prevag) gegründet. Die DCGG brachte ihre Betriebe in die Prevag ein. Bis zu ihrer Löschung im Handelsregister im März 1948 blieb die DCGG, trotz der am 30. September 1946 erfolgten Enteignung, als selbständige Rechtspersönlichkeit mit quasi privatwirtschaftlicher Betriebsführung bestehen.

Um den Einfluß auf die in den Westzonen gelegenen Vermögenswerte der DCGG nicht zu verlieren, beschloß der DCGG-Vorstand im Juni 1947 die Gründung einer Parallelfirma in Hagen/Westfalen.[43] Diese Gründung der West-Firma wurde der zweite Fall der ZKK.

3.1. Die Vorbereitung einer "politischen Aktion" gegen die "Agentenclique" der DCGG

"Raub am Volkseigentum aufgedeckt", lobte das SMAD-Verlautbarungsorgan "Tägliche Rundschau" am 23. November 1949. Die ZKK[44] hatte ihren amtlichen Bericht über die DCGG an alle Zeitungen geschickt, die

[43] Die West-Gründung geschah mit Zustimmung der Provinzialregierung. Nach einem Bericht der Generalstaatsanwaltschaft hatten Brundert und Dieker die Genehmigung erteilt, BAP DC-1-266, unpag.

[44] Nach Gründung der DDR wurde die ZKK am 26. Oktober in Zentrale Kommission für Staatliche Kontrolle [Schreibweise im folgenden weiter ZKK] umbenannt und als selbständiges Organ beim Ministerpräsidenten der DDR gebildet. Die ZKK operierte weiter auf Grundlage des DWK-Statuts vom September 1948, parlamentarisch kontrolliert wurde sie nicht. Faktisch, das zeigte die Besetzung der ZKK mit SED-Mitgliedern und die Ablehnung ihrer paritätischen Besetzung durch das Politbüro, war die ZKK kein Staatsorgan, wie der Name suggerierte, sondern ein Parteiorgan. Ihre Eingriffs- und Kontrollmacht leitete sich aus der Abstimmung mit der Parteizentrale ab, nicht aus Aufträgen staatlicher Organe, vgl. Brief Langes an Ulbricht vom 12. Dezember 1952, aus dem hervorgeht, daß die ZKK auch damals noch nach den Richtlinien vom September 1948 agierte, vgl. BArch DY 30, IV 2/13/259, unpag.; Chronik Langes über die ZKStK vom 23. Februar 1953, ebd.; Hilde Benjamin, Als Richter in Konzernprozessen, in: Die ersten Jahre. Erinnerungen an den Beginn der revolutionären Umgestaltungen, hrsg. vom Institut für Marxismus-Leninismus beim ZK der SED, Berlin (Ost) 1985, S. 160-170, S. 160.

offenbar zum Abdruck verpflichtet waren. Der Hauptvorwurf gegen die "Agentenclique" lautete, über das Vermögen der DCGG verfügt zu haben, obwohl nach der Sequestrierung und Enteignung nur noch die Provinzialverwaltung und spätere Landesregierung dazu befugt gewesen sei. Außerdem hätten die Beschuldigten Vermögen nach dem Westen verschoben.[45] Für die ZKK stand fest:

"Fast 100 Millionen Mark Vermögenswerte verschiedener Art wurden den westdeutschen Monopolkapitalisten zum Ausbau neuer volksfeindlicher und nationalverräterischer Positionen in verbrecherischer Absicht ausgeliefert."[46]

Die runde Summe von 100 Millionen Mark war ein propagandistischer Blickfang. Sie berücksichtigte noch nicht die Abwertungsquote der Währungsreform. Außerdem bezog sie den in Westdeutschland befindlichen Konzernbesitz in die Rechnung ein. Dies war selbst nach ostdeutscher Rechtsprechung nicht möglich, denn die Enteignung der DCGG bezog sich ja nur auf die Besitzungen in der SBZ.[47]

45 "Tägliche Rundschau", 23. November 1949.

46 "Tägliche Rundschau", 23. November 1949.

47 Daß sich die Wirkung einer Enteignung territorial auf die einzelnen Besatzungszonen beschränkte, war nicht nur die herrschende Rechtsprechung in den westlichen Besatzungszonen, sondern ist auch in der Ostzone anerkannt worden, vgl. elfseitiger ZKK-Bericht zur "Einführung an die Staatsanwaltschaft", BAP DC-1-266, unpag.; Beschluß des LG Leipzig v. 24. Juni 1947 (Urteil am 22. Juli 1947, vgl. OLG Hamburg, in: MDR 1948, S. 284.) Anders: Hilde Benjamin, Zum Dessauer Prozeß, in: NJ 1950, S. 145-148. Den in Potsdam abgegebenen Absichtserklärungen versucht Benjamin nicht nur Gesetzesqualität beizumessen, sondern meint zusätzlich, daß zur Umsetzung dieser Richtlinien jeder Zonenbefehlshaber als Repräsentant der vier Regierungen handelte und entsprechend erteilte Maßnahmen oder Befehle "in ganz Deutschland Anerkennung finden" müßten. Ihre Argumentation stützt Benjamin auf den Aufsatz des englischen Völkerrechtlers F.A. Mann, Deutschlands heutiger Status, SJZ 1947, S. 465-480. Wie Benjamin aus dessen Thesen die interzonale Gültigkeit des Sequesterbefehls Nr. 124 der SMAD ableiten will, scheint nicht ersichtlich. Laut Mann ist jeder Zonenoberbefehlshaber "in örtlichen [zonalen, N.K.] Angelegenheiten [...] der oberste Vertreter des deutschen Staates". Genau entgegen der Auslegung von Benjamin heißt es dann: "Zu deutschem Recht gehört die Gesetzgebung

Erst im Januar 1949, also fast zwei Jahre nach Gründung der West-Firma, hatte die ZKK begonnen zu ermitteln. Schon im März 1949 nahm Fritz Lange Kontakt zu Ulbricht auf. Zuerst wurden nur die Treuhänder Methfessel und Müller verdächtigt, Vermögenswerte der DCGG in den Westen verschoben zu haben. Brundert, Dieker und dem DCGG-Aufsichtsratsmitglied Leo Herwegen (CDU), Minister für Arbeit und Sozialpolitik in Sachsen-Anhalt, hielt Lange Fahrlässigkeit vor.[48] Zu einem separaten Prozeß gegen Müller und Methfessel kam es nicht, da die ZKK im Frühjahr mit Ulbrichts Rückendeckung entschieden hatte, den Prozeß zu einer "politischen Aktion" zu machen.[49] In das Verdachtsfeld gerieten nun Abweichler aus den eigenen Reihen, vor allem ehemalige Sozialdemokraten wie Wirtschaftsminister Dieker und dessen Stellvertreter Willi Brundert. Brundert war außerdem deswegen suspekt, weil er nach dem Krieg in einem englischen Gefangenenlager gewesen war und dort juristische Vorträge gehalten hatte. Mit der Verdächtigung Herwegens sollten die bürgerlichen Kräfte in der CDU eingeschüchtert werden, die gegen die Gründung der DDR und gegen die Verschiebung der Wahlen auf 1950 protestiert hatten.[50]

Bevor der Generalstaatsanwalt Sachsen-Anhalts ermitteln konnte, sichteten die Mitarbeiter der ZKK sämtliches Aktenmaterial. Die ZKK war jeder juristischen Ermittlung vorgeschaltet. Die ZKK-Mitarbeiter schickten dann der Generalstaatsanwaltschaft eine vorgefertigte Anklageschrift.[51] Generalstaatsanwalt Werner Fischl hätte das ZKK-Material also nur noch in die richtige Form bringen müssen. Fischl, liberal-demokratisch geprägter Jurist der Weimarer Republik, bemängelte mit seinen Mitarbeitern das ZKK-Material. Die Akten seien unvollständig, die An-

vor dem Juni 1945 und die des Kontrollrats. Zonengesetze, ob von der Militärregierung oder deutschen Stellen erlassen, sind dagegen nicht deutsches, sondern regionales Recht." Vgl. Mann, S. 477f.

48 Brief Langes an Ulbricht vom 17. März 1949, BAP DC-1-2540, unpag.

49 So Lange später in einem Gespräch mit Ulbricht am 27. Oktober 1949, BAP DC-1-2539, unpag.

50 Vgl. Michael Richter, Die Ost-CDU 1948-1952. Zwischen Widerstand und Gleichschaltung, 2. Aufl., Düsseldorf 1991, S. 200f.

51 Vgl. BAP DC-1-2539, unpag.

gaben über das Vermögen der DCGG ungenau.[52] Fischl zeigte sich unsicher, ob Herwegen und Dieker überhaupt verhaftet werden können. Über Brundert sammelte er Entlastungsmaterial, denn zusammen mit Brundert hatte er Vorlesungsreihen an der Universität Halle organisiert. Doch Ulbricht gab der ZKK am 21. Oktober 1949 die entscheidende Rückendeckung. In einer Aktennotiz berichtete Fritz Lange:

“Ich telefonierte (...) Walter Ulbricht an. [...] Walter Ulbricht meinte, dass keinerlei Veranlassung besteht, diesen Prozess nicht zu führen, wenn die Anklageschrift unter Mitwirkung der Zentralen Kommission für Staatliche Kontrolle entsprechend richtig politisch fundiert wird. “[53]

Wenige Tage nach Ulbrichts Votum veranlaßte ZKK-Chef Fritz Lange am 28. Oktober 1949 die Generalstaatsanwaltschaft, Herwegen, Brundert und mehrere andere angeblich Beteiligte zu verhaften.[54] Lange schloß den Brief an Fischl in dem ZKK-typischen Verordnungsjargon an eine untergebene Verwaltungsstelle: “Sowohl in der Polizeihaft als auch in der Untersuchungshaft, ist auf strengste Isolierung jedes einzelnen Beschuldigten zu achten. [...] Die Zentrale Kommission für Staatliche Kontrolle ist laufend über den Stand der Untersuchungen [...] zu informieren.”[55]

52 Aktenvermerk eines Mitarbeiters der Generalstaatsanwaltschaft vom 28. Juli 1949, BAP DC-1-2539, unpag.

53 Aktennotiz Langes vom 24. Oktober 1949, BAP DC-1-2539, unpag.

54 Brief Langes an Fischl vom 27. Oktober 1949, BAP DC-1-266, unpag. Lange schreibt in ungewohnt verhaltener Wortwahl, daß die ZKK es für “erforderlich” halte, die in dem Schreiben genannten Personen zu inhaftieren.

55 Brief Langes an Fischl vom 27. Oktober 1949, BAP DC-1-266, unpag. Karl-Wilhelm Fricke, Zur politischen Strafrechtssprechung des Obersten Gerichts der DDR, Heidelberg 1994, S. 15, irrt deutlich, wenn er schreibt, der Prozeß sei das Resultat einer Zusammenarbeit zwischen dem MfS, dem Politbüro und der Staatsanwaltschaft. Das am 8. Februar 1950 gebildete MfS befand sich im Aufbau und hatte mit dem Prozeß nichts zu tun. Mielke ist im Zusammenhang mit dem Prozeß lediglich am 2. Dezember 1949 in Erscheinung getreten. Er war damals Chef der HV Schutz der Volkswirtschaft im Ministerium des Innern und wurde von Lange um Material zu dem Spionage-Vorwurf gegen Brundert gebeten, BAP DC-1-1923, Bl. 95.

Einen Monat später entzog Lange Fischl das Verfahren. ZKK-Vize Ruh kritisierte Fischls Recherchen als "verknöcherte, Haare spaltende, formal mit Spitzfindigkeiten operierende aber doch zum Sterben verurteilte Justiz"[56].
Das Politbüro[57] entschied, das Verfahren einem Juristen zu übergeben, der in der NS-Zeit als Landgerichtsdirektor und Kammergerichtsrat fungierte und Mitglied des NS-Rechtswahrerbundes war: dem ersten Generalstaatsanwalt der DDR, Ernst Melsheimer. Melsheimer schien der SED offenbar als Garant für ein parteiliches Verfahren, da er eine doppelte Bringschuld hatte: seine nationalsozialistische Vergangenheit und seine frühere SPD-Mitgliedschaft.

3.2. Die Festnahme Willi Brunderts, des "britischen Agenten"

Die ZKK war sich inzwischen klar geworden, wie Brunderts Verhaftung zu rechtfertigen war: Brundert wurde wegen seiner britischen Kriegsgefangenschaft als englischer Agent aufgebaut. Seine Rolle, so ZKK-Chef Lange, habe "die Erfüllung eines konkreten Auftrages dargestellt"[58].

Willi Brundert, am 12. Juni 1912 in Magdeburg geboren, seit 1930 Mitglied der SPD, von 1931 bis 1933 Vorsitzender der sozialistischen Stu-

[56] Schreiben Ruhs vom 16. Dezember, BAP DC-1-1922, Bl. 145f.
[57] In seiner Sitzung vom 28. Februar 1950 entschied das Politbüro: "Der Prozess wird dem Generalstaatsanwalt der Deutschen Demokratischen Republik übergeben, der Anklage beim Obersten Gerichtshof der DDR erhebt." Vgl. BArch DY 30, IV 2/2/74, Bl. 3, s. Dokument 3 im Anhang. Werner Fischl blieb bis Juni 1952 Generalstaatsanwalt Sachsen-Anhalts und arbeitete dann in der unbedeutenden Position des Leiters der Rechtsstelle der Stadt Halle. 1954 wurde er vom MfS als Agent angeworben. Er sollte sich in der Bundesrepublik eine angemessene Stellung besorgen und Informationen wirtschaftlicher, politischer, diplomatischer und militärischer Art beschaffen. Im Januar 1955 flüchtete Fischl in die Bundesrepublik, vgl. 16seitiger Bericht Fischls ("Conti-Prozeß") vom 17. Mai 1955, AdsD, Best. Ostbüro, Akten des PV der SPD, Bd. 0048C (02287), SBZ-Handbuch, S. 899.
[58] Vgl. die elfseitige "Einführung für die Staatsanwaltschaft", die Lange seinem Schreiben vom 27. Oktober (Verhaftungsveranlassung) beifügte, BAP DC-1-266, unpag.

dentenschaft der Universität Halle und promovierter Jurist, arbeitete vor seiner Einberufung zur Kriegsmarine im September 1941 als Steuersachbearbeiter. Vor seiner Einberufung hielt Brundert Kontakt zum Widerstandskreis um Carlo Mierendorff.[59]

Im November 1944 geriet Brundert in englische Gefangenschaft. Er kam im März 1946 in das Sonderlager "Wilton-Park", das sich die demokratische Umerziehung deutscher Kriegsgefangener zur Aufgabe gemacht hatte. Die ZKK stilisierte das Lager zu einer "Agentenschule"[60], und Lange biß sich an der Legende des englischen Agenten fest.[61] Die SED

59 Vgl. Lebenslauf Willi Brunderts vom 22. August 1946, BAP DC-1-2538, unpag.; Entnazifizierungsfragebogen der SMAD, ebd.; Lebenslauf Brunderts vom 30. April 1957, AdsD, Best. Ostbüro, Akten des PV der SPD, PA Brundert, unpag.; SBZ-Handbuch, S. 879 (hier ist Brunderts Rückkehr fälschlicherweise mit 1948 angegeben); Thape schreibt, Brundert habe sich mit Adolf Reichwein, Carlo Mierendorff und Theodor Haubach der Widerstandsbewegung angeschlossen, Ernst Thape, Von Rot zu Schwarz-Rot-Gold, Hannover 1969, S. 296.

60 Vgl. zum Beispiel den amtlichen Bericht der ZKK vom 21. November 1949, in: "Tägliche Rundschau", 23. November 1949. Ebenso argumentierte Ulbricht auf einer Landesdelegiertenkonferenz der SED Sachsen-Anhalts Anfang Dezember 1949: "Wir wissen, daß die Feinde Agenten in unser Gebiet geschickt haben, die auf lange Sicht arbeiten. Zu diesen Leuten gehört auch Brundert, der von der englischen Wilton-Park-Schule kommt." Vgl. Magdeburger "Volksstimme", 9. Dezember 1949. Das Lager arbeitete nicht im Verborgenen. Die sechswöchigen Lehrgänge haben Tausende deutscher Kriegsgefangener absolviert, vgl. "Welt am Sonntag", 30. April 1950. Der gelehrte Stoff hatte die jüngste Geschichte Deutschlands (von Bismarck bis Hitler), soziologische Fragen über Individuum und Gemeinschaft, Internationale Beziehungen und die Darstellung des englischen Lebens zum Inhalt, vgl. Brundert, Es begann im Theater, S. 34. Kurz vor seiner Entlassung veröffentlichte Brundert im Berliner "Tagesspiegel" vom 27. Juli 1946 unter seinem Namen auch einen Bericht über das Leben im Lager. Die SMAD war über Brunderts Aufenthalt in "Wilton-Park" informiert, bevor Brundert bei der Provinzialverwaltung angestellt wurde, vgl. Diekers Schrift "Die Entwicklung der Energiewirtschaft in Sachsen-Anhalt nach dem Zusammenbruch unter besonderer Berücksichtigung der DCGG", BAP DC-1-2540, unpag. (S. 10).

61 Am 2. Dezember 1949 bat er Erich Mielke, damals Chef der HV Schutz der Volkswirtschaft im Ministerium des Innern, den Komplex Wilton-Park einer

war auf dem Weg zu einer "Partei neuen Typus" nach stalinistischem Vorbild. Dafür war es nötig, "sich von zersetzenden opportunistischen Elementen"[62] zu reinigen und für die "Ausrottung des Sozialdemokratismus"[63] zu kämpfen. Brundert wurde am 28. Oktober 1949 verhaftet. Seine Verhaftung und der DCGG-Prozeß dienten auch diesem Ziel. Ulbricht erklärte das im Sommer 1950 auf einer Landesdelegiertenkonferenz so:

"Was heißt denn heute Sozialdemokrat sein? [...] Wenn mich danach jemand fragt, so erwidere ich ihm: Sehen Sie sich an, was der Agent Brundert hier in Sachsen-Anhalt gemacht hat. Das ist Sozialdemokratismus. Sehen Sie sich an, was Herr Schumacher im Westen macht. Das ist Sozialdemokratismus. [...] Wir haben im Zusammenhang mit dem Fall Herwegen-Brundert den Sozialdemokratismus in Sachsen-Anhalt zerschlagen."[64]

In der Untersuchungshaft wurde Brundert von ZKK-Mitarbeitern am längsten vernommen, weil er mit 37 Jahren der jüngste und zäheste Angeklagte war. Allein vom 6. bis 12. Dezember sechs Tage und Nächte durchgehend.[65] Auch ZKK-Chef Fritz Lange beteiligte sich an den Dauer-Vernehmungen. Dabei versuchte er, Brundert gegen Herwegen auszuspielen und meinte:

"Wir wissen von unseren Wachtmeistern, daß der Herwegen von morgens bis abends in seiner Zelle hin- und herrennt und den Rosenkranz betet. Das kann er. Uns ist das gleich, wer da betet, ob Herwegen oder irgend ein anderer Heiliger. Uns interessiert die CDU. Die wird jetzt

"besonderen Untersuchung" zu unterziehen, vgl. BAP DC-1-1923, Bl. 87ff.

62 Ulbricht zitierte hier eine von Stalins zwölf Bedingungen von 1925 für eine Partei neuen Typus, die für die SED auch im Jahre 1950 Richtlinie ihrer Entwicklung waren, vgl. Tagung des ZK der SED am 26./27. Oktober 1950, BArch DY 30, IV 2/1/89, Bl. 50.

63 Diese an das Vokabular der Nationalsozialisten gelehnte Formulierung benutzte Anton Ackermann auf einer Sitzung des ZK der SED am 24. August 1950, BArch DY 30, IV 2/1/86, Bl. 11.

64 "Neues Deutschland", 4. Juli 1950.

65 Willi Brundert, Es begann im Theater ..., Berlin, Hannover 1958, S. 38f. Brunderts Angaben werden durch das Tagebuch des ZKK-Vernehmers Fritz Röbsteck bestätigt, in: BAP DC-1-2539, unpag.

frech. Die hat jetzt in Calbe/Saale ein Plakat aufgehängt mit dem Text 'Werde Mitglied in der CDU, der stärksten Partei Deutschlands'. [...] Denen muß man eins aufs Maul geben. Wenn Sie uns im Prozeß hierbei helfen, sind Sie gerettet. "[66]

Brundert ging nicht auf Langes Offerten ein. Am 23. November 1949 - fünf Monate vor Prozeßbeginn - veröffentlichte die ZKK ihren amtlichen Bericht über die "monopolkapitalistischen Agenten" in der DDR-Presse, deren Abdruck für alle Zeitungen verbindlich war.

3.3. Die Inszenierung des Prozesses: "Die Deutsche Demokratische Republik schlägt zu!"

Wie in Glauchau-Meerane sandten schon wenige Tage nach dem Bericht der ZKK Tausende empörter Werktätiger spontane Protestresolutionen gegen die Verbrecher und forderten deren "strenge Bestrafung".[67] Die vermeintliche Volksempörung war geplant. Lange besprach sie am 24. November, einen Tag nach der Veröffentlichung des ZKK-Berichts, mit dem Bundesvorstand des FDGB: "Es müßte gleichzeitig eine Protestbewegung der Werktätigen in den Betrieben entfacht werden, die strengste Untersuchung fordert und für härteste Bestrafung [...] eintritt."[68]

Schauplatz des Prozesses vom 24. bis 29. April 1950 war das Dessauer Landestheater, mit 1200 Plätzen eines der größten Deutschlands. Der Prozeß bekam auch deshalb eine besondere Bedeutung, weil er der erste des neu gegründeten Obersten Gerichts der DDR war. Er sollte unter dem Motto "Die Deutsche Demokratische Republik schlägt zu!"[69] stehen.

66 Brundert, Es begann im Theater, S. 27f.
67 Vgl. "Vorwärts", "Neues Deutschland", 24. November 1949.
68 BArch SAPMO-FDGB-BV (Büro Zöllner) DY 34/A495, unpag.
69 Abt. Org. des FDGB-BV zur Massenbeteiligung der Werktätigen vom 14.4.50, BArch SAPMO-FDGB-BV (Büro Zöllner) DY 34, 43/133/4544.

Abteilung Organisation
Ro/Ar.

Berlin, den 14. April 1950

Wie politisch auswerten? Resolutionen? Versammlungen? Stellungnahme im Lehrstoff während des Prozesses?

Verteiler:

Koll. Wernke
Koll. Starck
Koll. Zöllner
~~Koll. Kaufmann~~
Koll. Reitz
5 Landesvorstände des FDGB
FDGB Gross-Berlin
ZV IG Energie

A k t e n n o t i z

Betr.: Massenbeteiligung der Werktätigen an dem DCGG-Prozess in Dessau

Am 12.4.1950 wurde mit den zuständigen Stellen eine Absprache über die Organisierung einer Massenbeteiligung am Prozess gegen Herwegen und Genossen vereinbart. Die besondere Bedeutung des Prozesses ergibt sich aus der Tatsache, dass es der erste Prozess des Obersten Gerichts der Deutschen Demokratischen Republik ist und dass dieser Prozess dazu beitragen wird, die Rolle des Monopolkapitals und seine Versuche, die antifaschistisch-demokratische Ordnung zu stören, klarzulegen. Es ist ein Prozess gegen die Feinde der antifaschistisch-demokratischen Ordnung, der unter dem Motto "Die Deutsche Demokratische Republik schlägt zu !" steht.

Der Prozess beginnt am 24.4.1950 im Stadttheater Dessau und wird bis zum Sonnabend, 29.4.1950, andauern. Das Theater umfasst 1.200 Sitzplätze. In den Vereinbarungen wurde festgelegt, dass davon den Vertretern der Gewerkschaften täglich 800 Sitzplätze zur Verfügung stehen. Die FDJ wird 200 Sitzplätze täglich belegen. In der Regel soll die Teilnahme so organisiert werden, dass die Zuhörer früh anreisen und abends zurückfahren, d.h. also nur eine Teilnahme für einen Tag. Das Amt für Information wird dafür sorgen, dass den Zuhörern die Ergebnisse der bisherigen Verhandlungen zur Kenntnis gebracht werden, um damit den Zusammenhang klarzulegen. Neben diesen täglichen Delegationen ist eine ständige Delegation von insgesamt 50 FDGB-Vertretern vorgesehen.

Für die organisatorische Durchführung der Massenbeteiligung am Prozess ist im Stadttheater Dessau ein technisches Büro eingerichtet. Verantwortlich für dieses Büro ist der Koll. Weber. Die Org.-Abteilung schlägt vor, vom Landesvorstand des FDGB Sachsen-Anhalt den Koll. Beck oder den Org.-Leiter des Landesvorstandes in dieses technische Büro zu delegieren.

Bei der Zusammenstellung der Delegationen liegt die Hauptbeteiligung selbstverständlich beim Land Sachsen-Anhalt. Es ist weiter dabei zu berücksichtigen, dass vor allem die Energiebetriebe und jene Betriebe, die früher Konzernverflechtungen hatten, besondere Berücksichtigung finden. Auch aus einigen grösseren Privatbetrieben müssten Delegationen entsandt werden.

Die Bestimmung der Delegationen soll im Rahmen einer Belegschaftsversammlung stattfinden, wobei auf die besondere Bedeutung des Prozesses hingewiesen werden soll. Als Material für diese Versammlungen dient der Bericht der Zentralen Kontroll-Kommission und ein Bildungsheft. Jede Delegation soll einen Delegationsführer haben. Dieser Delegationsführer muss einen Ausweis des zuständigen Kreisvorstandes des FDGB haben. Aus diesem Ausweis muss ersichtlich sein, dass er berechtigt ist, die Delegation zu führen. Nur diesem Delegationsführer werden die Teilnehmerkarten in dem technischen Büro in Dessau ausgehändigt. Die Teilnehmerkarte ist mit einer Essenkarte verbunden. Es ist beabsichtigt, nur ein Mittagessen zu geben. Vom Amt für Handel und Versorgung wird Frau Trübenbach wegen der Bereitstellung der notwendigen Lebensmittel verständigt. Die Kosten für das Mittagessen müssten von der Bundeskasse übernommen werden.

Der Transport der Delegationen aus den Betrieben müsste möglichst mit Lastkraftwagen und Omnibussen erfolgen. Die Transportkosten und die Begleichung der ausfallenden Arbeitszeit soll möglichst von den Betrieben selbst getragen werden. Nur in besonderen Fällen soll eine Begleichung dieser Kosten durch eine entsprechende Verrechnung über den Landesvorstand mit dem Bundesvorstand erfolgen.

Die Entsendung der Delegationen soll von dem Gesichtspunkt aus geschehen, um in den Betrieben eine Berichterstattung durchführen zu können, dass die Rolle des Monopolkapitalismus und seiner Agenten vor den Belegschaften klargelegt wird. Deshalb soll auch bei der Auswahl der Delegationen darauf geachtet werden, dass sie sich aus zuverlässigen Gewerkschaftern zusammensetzen. Da die Jugend eigene Delegationen entsendet, ist bei der Zusammensetzung der Delegationen besonders darauf zu achten, dass eine genügende Anzahl von Frauen in die Delegationen einbezogen wird. Mit den örtlichen Organen des DFD ist deshalb Rücksprache zu nehmen. Trotz der eigenen Jugend-Delegationen der FDJ ist es notwendig, in die Gesamtdelegationen junge Gewerkschaftsfunktionäre und junge Aktivisten, besonders auch weibliche Jugendliche, mit einzubeziehen.

Die Aufstellung der Delegationen für die einzelnen Länder ergibt sich aus der Anlage.

(Rossberg)

Quelle:
SAPMO, Bundesarchiv FDGB-Bundesvorstand (Büro Zöllner)
Nr. 43/133/4544, unpag.

Die Plätze wurden nach einem vorher festgelegten Schlüssel besetzt: Allein der FDGB bekam täglich 800 Plätze zur Verfügung gestellt und hatte diese mit zuverlässigen Gewerkschaftsmitgliedern zu füllen. Die FDJ konnte an ihre Mitglieder am Tag 200 Plätze verteilen. Die Prozeßvorbereitungen der ZKK schätzte das Politbüro offenbar so hoch ein, daß auch die westdeutsche Presse ausdrücklich zum Prozeß zugelassen wurde. Die SED schien beweisen zu wollen, daß die DDR ein mindestens ebenso guter Rechtsstaat sei wie die BRD.

Ein Reporter des "Stern" beschrieb die Anfahrt der Gefangenen zum Theater:

"Alle fünfzig Meter steht mit entsichertem Gewehr ein Polizist und sperrt die Straße ab, auf der die Angeklagten zur Verhandlung gebracht werden. Die rückwärtigen Fenster der beiden sechssitzigen Limousinen sind mit weißer Farbe zugemalt, und Volkspolizisten begleiten, bis zum Hals bewaffnet, den Transport auf Krädern."[70]

Das Gericht tagte auf der Bühne des Theaters. Über dem mit rotem Samttuch verkleideten Richtertisch prangten die Worte: "Die Staatsgewalt geht vom Volke aus."[71] Den Hintergrund der Bühne füllte ein riesiges Schaubild, auf dem farbige Neonröhren die Kapitalverbindungen des DCGG-Konzerns veranschaulichen sollten.[72] Mit Hilfe dieses sieben Meter hohen und elf Meter langen Spinnennetzes[73] sollten den Zuschau

70 "Stern", 14. Mai 1950.

71 Vgl. "Der Kurier", 25. April 1950; "Die Welt", 25. April 1950. "Die Welt" war eine der wenigen überregionalen westdeutschen Zeitungen, die mit eigenem Korrespondenten vertreten war. Die anderen druckten meist das Material der Agenturen.

72 "Stern" vom 14. Mai 1950.

73 Vgl. den detaillierten Entwurf mit den geplanten Originalmaßen, BAP DC-1-2539, unpag. (am Schluß der Akte). Die Idee für diese schematische Darstellung stammte von dem ZKK-Mitarbeiter Fritz Röbsteck. Am 3. März 1950 schlug er seinem Chef Fritz Lange vor, "daß bei der Nennung der DCGG ein Transparent aufleuchtet und bei der Nennung der einzelnen Beteiligungen in kreisförmigen Transparenten jeweils ebenfalls eine Beleuchtung eingeschaltet wird. Als Höhepunkt leuchtet dann ein größeres Transparent auf, welches die Namen der Banken ersichtlich macht, um so auf in-

ern die “krakenhaften” Verschlingungen des Konzerns anschaulich gemacht werden und sich die Aussagen der Angeklagten “verwirren”[74].

3.4. Die Überwachung durch den Inspizienten und die Illusion der Massenbeteiligung

Die Kontrolle der Verteidiger und Angeklagten und die Vorhersehbarkeit eventueller Strategien war der ZKK so wichtig, daß in deren Aufenthaltsräumen im Theater Abhörvorrichtungen eingebaut wurden.[75] Der Inspizient der Inszenierung saß während der sechs Verhandlungstage in einer Rangloge und verfolgte den Gang der Verhandlung: Fritz Lange.[76]

Die politische Botschaft, die der Prozeß transportieren sollte, hatte das Politbüro festgelegt:

“Der Prozeß ist so zu führen, dass die Rolle des Monopolkapitals, seine Zersetzungsarbeit mit Hilfe käuflicher Agenten und deren verbrecherische Tätigkeit in der Deutschen Demokratischen Republik deutlich zu Tage tritt.”[77]

teressante Weise die Zusammenhänge buchstäblich zu 'beleuchten'. [...] Da es sich bei diesem Prozeß im weiteren Sinne um einen Angriff gegen das angloamerikanische Monopolkapital handelt, könnten beim Abschluß der Erläuterungen noch zwei Pfeile sichtbar werden, deren einer auf die Londoner City und der andere auf die Walstreet [sic] zeigt.” Obwohl Lange handschriftlich “einverstanden” über den Brief notierte, hielt offenbar selbst der ZKK-Chef die Wallstreet-Idee für etwas übereifrig, denn er versah diese Passage am Rand mit einem Fragezeichen, vgl. BAP DC-1-1922, Bl. 122.

74 Vgl. “Stern”, 14. Mai 1950 als Dokument 6 im Anhang.

75 Vgl. 16seitiger Bericht Fischls (“Conti-Prozeß”) vom 17. Mai 1955, AdsD, Best. Ostbüro, Akten des PV der SPD, Bd. 0048C (02287), unpag. Fischl teilte dies nach seinen Angaben Dr. Bundschuh, einem der Verteidiger, mit.

76 Vgl. Bericht des NWDR, übermittelt von einer Abhörstelle in der SBZ am 3. Mai 1950, BAP DC-1-2538, unpag. Auch die anderen verantwortlichen Angestellten der ZKK waren gut postiert. Mit Lange in der Loge saß dessen Vertreter, Toni Ruh. Fritz Röbsteck saß hinter der Anklagevertretung in einer Bühnennische, vgl. Brundert, Es begann im Theater, S. 47.

77 Das Politbüro (28. Februar 1950) folgte mit den sieben Punkten zur Vorbereitung des Prozesses wörtlich den Vorschlägen Langes, die dieser am

Der Prozeß sollte eine politische Wirkung erzielen, indem er den Angeklagten "zum Kronzeugen für das von den Prozeßinitiatoren fabrizierte Zerrbild der Wirklichkeit machte"[78]. Dieses Prinzip des Prozesses Stalinscher Prägung hatte begonnen, sich in den Ostblockstaaten zu etablieren.[79] Der bekannteste dieser Prozesse, bei denen es um die Folgen der Auflehnung gegen die Autorität der Sowjetführung ging, war der gegen den ungarischen Außenminister László Rajk, der 1949 auf Befehl Stalins gehängt wurde.[80]

Der Prozeß basierte auf der Präsentation von Dokumenten. Auf die Vernehmung von Zeugen wurde zugunsten einer reibungslosen Inszenierung verzichtet. Der ehemalige Landtagspräsident Sachsen-Anhalts, Hübner (LDP), der zugunsten Brunderts aussagen wollte, machte kurz vor der Verhandlung einen Rückzieher.[81] Das Urteil stand längst vor der Ver

27. Februar auf der Sitzung des Sekretariats des Politbüros unterbreitet hatte, vgl. BArch DY 30, IV 2/3 A/71, Bl. 478f.

78 Kirchheimer, Politische Justiz, S. 166.

79 Vgl. Karl Wilhelm Fricke, So werden Schauprozesse vorbereitet, SBZ-Archiv 10/1959, S. 210-213. Fricke geht hier auf den sogenannten "Slansky-Prozeß" gegen 14 hohe Funktionäre der tschechischen KP vom November 1952 ein.

80 Für die SED-Führung galt der Rajk-Prozeß als Musterfall, dessen Lehren in den DCGG-Prozeß einfließen sollten: "Was uns bis jetzt aus dem Fall Herwegen-Brundert [...] bekanntgeworden ist, genügt vollkommen, uns zu zeigen und zu unterstreichen, was im Budapester Rajk-Prozeß bis in alle Einzelheiten aufgedeckt wurde." So der SED-Landesvorsitzende Sachsen-Anhalts, Bernard Koenen, auf der Landeskonferenz der SED vom 2. bis 4. Dezember 1949, zitiert nach: Brundert, Es begann im Theater, S. 16. Einen ebensolchen Zusammenhang stellte Ulbricht auf einer Tagung des SED-PV am 10./11. Januar 1950 her. Ulbricht meinte, es genüge nicht, "die Lehren des Rajk-Prozesses einfach nur [zu] verbreiten", und kritisierte dann das ideologische Niveau der Partei: "Glaubt Ihr, daß der Fall Brundert in Halle möglich gewesen wäre, wenn nicht gewisse ideologische Vorbedingungen vorhanden gewesen wären?" Vgl. BArch DY 30, IV 2/1/76, Bl. 45.

81 Lange hatte Ulbricht in einem Brief am 22. April vorgeschlagen, Hübner als Zeuge aussagen zu lassen, um seine Aussagen vor Gericht zu entwerten, BAP DC-1-1923, Bl. 180f. Das Politbüro entsprach Langes Vorschlag. Am 25. April, einen Tag nach Prozeßbeginn, wurde beschlossen: "Der Zeugenaussage des ehemaligen Ministerpräsidenten Hübner wird zugestimmt mit

handlung fest. In täglich vier bis fünf Besprechungen hatten sich Gericht, Generalstaatsanwaltschaft und ZKK auf die Prozeßführung verständigt.[82]

Den Vorsitz der Verhandlung führte Hilde Benjamin.[83] Sie hatte, wie sie gegenüber Fritz Lange betonte, "in ihrem Leben noch nie eine Verhandlung geführt"[84]. Die Anklage vertrat Generalstaatsanwalt Melsheimer. Sie stützte sich wie im Glauchauer Prozeß auf die politische Allzwecknorm des Befehls Nr. 160 der SMAD.[85] Fritz Lange beobachtete die Verhandlung aus einer Loge. Er hatte den Auftrag, bei Komplikationen sofort dem Politbüro zu berichten, das so, wenn nötig, in die Verhandlung eingreifen konnte.[86] Hinter den Kulissen hatte Lange die überragende Stellung in diesem Prozeß. Er führte die Ermittlungen, er organisierte die Verhaftungen und beschränkte die Einflußnahme der Justizverwaltung, er führte die Ausschaltung des anhaltinischen Generalstaatsanwaltes durch, er steuerte das Verfahren während des Prozesses und hatte die Autorität, die Spitzenvertreter des Justizapparates politisch zu unterwei-

der Bedingung, daß seine Aussage mit der Bekanntmachung von Material über seine Tätigkeit als Ministerpräsident beantwortet wird.", BArch DY 30, IV 2/2/85, Bl. 1.

82 Vgl. Langes Zwischenbericht vom 26. April 1950, BAP DC-1-1923, Bl. 335.

83 Hilde Benjamin war Juristin, trat 1927 in die KPD ein und erhielt 1933 Berufsverbot. Seit 1945 war sie Referentin bei der DJV, wo sie seit 1947 die Personalabteilung leitete. Von 1949 bis 1953 amtierte sie als Vizepräsidentin beim OG der DDR und war von 1953 bis 1967 Justizministerin der DDR, vgl. SBZ-Handbuch, S. 867.

84 Vgl. Zwischenbericht Langes über den Prozeßverlauf vom 26. April 1950, BAP DC-1-1923, Bl. 334. Ihre Beisitzer waren die Richter Rothschild und Trapp.

85 Melsheimer nannte zwar eine ganze Palette von Delikten des Strafgesetzbuches (Untreue, ungetreue Treuhandschaft, schwere passive Bestechung, Geheimnisbruch, Diebstahl, Betrug, Unterschlagung, Fälschung von Hinterlegungsdokumenten), dennoch sei die Erfüllung dieser Tatbestände nur Mittel zum Zweck der Sabotage gewesen. Melsheimer konnte es nicht gelingen, individuelle Schuld juristisch zu begründen, deshalb griff er auf den Befehl 160 zurück.

86 Beschluß des Politbüros in dessen Sitzung vom 18. April 1950, BArch DY 30, IV 2/2/84, Bl. 1.

2 113

Die Staatsanwaltschaft bei dem
Landgericht Zwickau

Glauchau, den 18.11.1948
Amtsgericht

Durch Kurier !

Herrn
Generalstaatsanwalt Dr. Helm

Dresden - N. 15
Proschhübelstr. 4

EINGEGANGEN 2 . NOV 1948

Betr.: Meerane-Glauchauer Wirtschaftsverbrechen / Vorbereitungen zur Hauptverhandlung.

Die von der Zentralen Kontrollkommission an Oberkriminalrat Röbsteck erteilten Instruktionen über die Prozessvorbereitungen waren Gegenstand der am 5.11.48 beim Kreisvorstand der SED Glauchau gehabten Besprechung, in der alle Einzelheiten hinsichtlich Verhandlungslokal, Übernachtungen, Verpflegung, Bewachungsmannschaft usw. festgelegt wurden. Oberkriminalrat Röbsteck hatte wiederholt versucht, von diesen Vereinbarungen die Generalstaatsanwaltschaft zu informieren, er konnte bei seiner Anwesenheit in Dresden aber weder Herrn Gen.St.A. Dr. Helm noch Herrn Dr. Kohn antreffen. Bei telefonischen Anfragen wurde wiederholt mitgeteilt, daß beide abwesend seien.

Als Verhandlungslokal wurde der "Lindenhof" in Glauchau festgelegt, der ein Fassungsvermögen von etwa 800 Personen hat. Gegen diesen Saal dürften keinerlei Bedenken bestehen, nachdem hier bereits Prozesse (letzthin u.a. der 201-Prozess Vidoni) stattfanden. Herr Masius von der ZKK hat sich überdies ebenfalls davon überzeugt, daß dieses Lokal für die Verhandlung geeignet ist. Glauchau wurde deshalb der Vorzug gegeben, weil sich hier die Beschuldigten in Haft befinden und etwaige verwaltungstechnische Fragen in der Kreisstadt selbst am besten gelöst werden können.

Für das Zurechtmachen des Verhandlungssaales und die Stellung der Bewachungsmannschaften wurde der Kreispolizeiamtsleiter Klötzner beauftragt, während für Verpflegung und Übernachtung der Landrat Krebaum die erforderlichen Vorkehrungen treffen wird. Die Kartenverteilung übernimmt auf Weisung der ZKK der FDGB. Der Landesvorstand der SED ist über alles informiert.

Als Verhandlungstermin war ursprünglich der 29.11.48 vorgesehen. Nachdem heute die Anklagen mit den Sachakten dem Gericht übergeben wurden, das Gericht noch heute die Verteidiger fernmündlich oder fernschriftlich in Kenntnis setzen wird, daß morgen, den 19.11.48 die Anklagen in Empfang genommen und ab 2o.11.48 Akteneinsicht gewährt wird, sind der Vorsitzender der Großen Strafkammer mit dem Vertreter des Landeskriminalamtes und dem Unterzeichneten dahingehend übereingekommen, daß die Hauptverhandlung für die beiden Komplexe a) Kretschmer und 11 And., b.) Pilz und 3 And. auch tatsächlich am 29.11.48 starten kann. Verhandlungsdauer für diese beiden grössten und politisch bedeutungsvollsten Prozesse wird nach hiesiger Schätzung etwa 1 Woche betragen.

Zulasskarten für die Verhandlung sind nach umstehenden Verteilerschlüssel mit allen zuständigen Stellen festgelegt worden.

Trotz

(Trötz)

FDGB für Betriebe	300	Karten
FDGB zur besonderen Verteilung	50	"
FDGB Zwickau	20	"
FDGB Chemnitz	20	"
SED Kreisvorstand	100	"
SED Landesvorstand	10	;
FDGB Landesvorstand	10	"
CDU Kreis Glauchau	10	;
LDP Kreis Glauchau	10	"
NDP Kreis Glauchau	5	"
Bauernpartei Kreis Glauchau	5	"
VDGB	5	"
DFD	5	"
Volkssolidarität Glauchau	2	"
Landratsamt Glauchau	5	"
Stadtverwaltung Glauchau	3	"
Stadtverwaltung Meerane	5	"
Kreispolizei Glauchau	5	"
Landeskriminalamt Dresden	50	"
D W K Berlin	30	"
Presse	20	"
Rundfunk	10	"
Landesregierung (Innenminister Zeisser). .	10	"
Kreiskommandantur Glauchau	10	"
Reserve für Justiz und Polizei	100 √	"
	zus.800	Karten.

Quelle:
Bundesarchiv, Bestand Generalstaatsanwalt der DDR
DP/3/25, Bl. 113f.

sen und zu kritisieren. Sein direkter Kontakt zum Politbüro machte ihn unangreifbar.[87]

Langes Kritik traf vor allem Melsheimer. Obwohl der Generalstaatsanwalt in mehreren Besprechungen darauf aufmerksam gemacht worden sei, daß die Vorbereitung der Verhandlung ein "ernstes Studium" erfordere, erweckte Melsheimer den Eindruck, "daß dieser die Materie nicht völlig beherrscht, sondern sich in oberflächlichster, unpolitischster Art in oeligen Phrasen und Theaterdonner ergeht. Es gab einfach niemanden, dem dieses leere Wortgetöse und Phrasengeschmetter nicht peinlich aufgefallen ist."[88] Um dem entgegenzuwirken und die Richtung des Prozesses zu steuern, fanden täglich vier bis fünf Besprechungen zwischen der ZKK, dem Gericht und der Generalstaatsanwaltschaft statt.

In seinen Erinnereungen an den Prozeß schrieb Brundert später, daß während des Prozesses aus der Loge des ZKK-Chefs Zettel an den Gerichtstisch gebracht worden seien. In einer Notiz an das Politbüro schrieb Fritz Lange:

"So war es uns möglich, in mindestens einem Dutzend Fällen dem Gericht wertvolle Fingerzeige zu geben, wie die eine oder andere Sache am besten zu behandeln ist. Das Gericht erkennt unsere Hilfe dankbar an. Auch während der Verhandlung ist es uns möglich, durch einen organisierten Zetteldienst Hinweise und Ratschläge zu geben, die in den meisten Fällen auch beachtet werden."[89]

87 Auch während der Vorbereitung des Solvay-Prozesses gegen führende Angestellte des Betriebes wegen der angeblichen Verschleierung der 25prozentigen Beteiligung der IG Farben an den Solvay-Werken vom 14. bis 20. Dezember 1950 blieb Lange entscheidender Akteur. Er hatte direkten Kontakt zum Politbüro, dem er in der Sitzung am 27. Juni 1950 über die ZKK-Ermittlungen Bericht erstattete, vgl. SAPMO-ZPA IV 2/2/96.

88 Bericht über den 24. April 1950, BAP DC-1-1922, unpag.

89 Trotz der Offensichtlichkeit dieses Zetteldienstes im Theatersaal ist es erstaunlich, daß dieses eindrucksvolle Dokument zentraler Steuerung einfach zu den Akten gelegt wurde, BAP DC-1-1923, Bl. 335. Brundert beschreibt den Prozeßeingriff so: "Von diesen beiden Stellen - Intendantenloge und Bühnennische - wurden laufend Zettel an die Vorsitzende und den Generalstaatsanwalt geschickt. Der Zweck dieser Zettelpost sollte offensichtlich

Brundert und Herwegen, die beiden Hauptangeklagten, wurden zu 15 Jahren Zuchthaus verurteilt. Die Urteilsverkündung war als Massenveranstaltung vor dem Theaterplatz geplant. Ein Berichterstatter der "Süddeutschen Zeitung" hielt das Szenario fest:

"Durch Plakate und Flugzettel hatte die Nationale Front die Bevölkerung eingeladen, die Urteilsverkündung auf dem großen Platz vor dem Landestheater mitzuerleben. Dutzende von Lautsprechern standen bereit und eine Rednertribüne, von der der Ministerpräsident von Sachsen-Anhalt[90] zu den empörten Massen sprechen sollte. Die Massen aber blieben aus. Von den 90 000 Einwohnern der Stadt hörten sich höchstens 300 die Urteilsverkündung an und die verliefen sich, als die Gerichtsvorsitzende Hilde Benjamin die Begründung verlas. Ihre Worte verhallten aus den Lautsprechern über den leeren Riesenplatz ebenso wie das Spiel der Schalmeienkapelle der Volkspolizei und eines Fanfarenzuges der FDJ. Das Rednerpult blieb leer. Der Ministerpräsident war rechtzeitig unterrichtet worden."[91]

Nach knapp siebeneinhalbjähriger Haft wurde Brundert am 19. März 1957 als letzter der in Dessau Verurteilten freigelassen.[92] Herwegen war ein halbes Jahr vorher freigekommen. Im April 1957 siedelte Brundert in die Bundesrepublik über, wurde 1963 Leiter der Staatskanzlei des Landes Hessen und am 1. Juli 1964 zum Oberbürgermeister von Frankfurt/Main gewählt.[93]

sein, die Einhaltung der vorher festgelegten Regie zu sichern." Vgl. Brundert, S. 47.

90 Werner Bruschke war offenbar um Wiedergutmachung wegen seiner anfänglichen Skepsis an der Verhaftung Brunderts bemüht. Während einer Verhandlungspause war er auf Lange zugegangen, um ihm mitzuteilen, daß die SED gegen Justizminister Damerow (LDP) vorgehen werde, da dieser den Angeklagten Pauli für die LKK vorgeschlagen hatte, vgl. Prozeßbericht Brunderts vom 28. April, BAP DC-1-1923, Bl. 341.

91 "Süddeutsche Zeitung", 4. Mai 1950.

92 Vgl. SPD-Pressedienst vom 10. September 1964, AdsD, Best. Ostbüro, Sammlung Personalia, Bd. 8847 (Brundert), unpag.

93 Brundert starb 1970, Herwegen, der auch in die Bundesrepublik wechselte, 1972.

4. Resümee

Der Glauchauer und der Dessauer Prozeß verdeutlichen die überragende Stellung der ZKK als Steuerungsorgan politischer Schauprozesse in der SBZ/DDR zwischen 1948 und 1950. Durch den von der SED-Führung gewährten Improvisationsfreiraum schufen sich die Mitarbeiter der Kommission im Schatten ihrer ursprünglichen Aufgabe, das Volkseigentum zu schützen, Kompetenzen, für die sie formal kein Mandat der Parteiführung hatten: Unter der Ägide Fritz Langes führten die ZKK-Mitarbeiter Folterverhöre durch, nahmen Beschuldigte selbstständig fest, nötigten Amtsrichter, Haftbefehle zu erlassen, frisierten Anklageschriften und verhinderten unabhängige Richter, indem sie die Besetzung der Gerichte mit SED-Gefolgsleuten anordneten.

Durch den eigendynamischen Funktionswandel mutierte die ZKK vom Kontrollorgan der Plandisziplin zur schnellen Eingreiftruppe politischer Disziplinierung und konnte den Prozeß der Machtsicherung der SED wesentlich unterstützen. Nach Gründung des Politbüros im Januar 1949 erhielt die ZKK die Legitimation zu ihren Eingriffen direkt von der SED-Führung.

Beide Prozesse nutzte die SED als Vehikel. Durch die Prozesse konnten wirtschaftliche Schwierigkeiten als Folge äußerer Angriffe erklärt und weitere Enteignungen größerer Firmen gerechtfertigt werden. Die Glauchauer Verhandlung sollte die Überlegenheit einer neuen demokratischen Ordnung beweisen, die "hart zurückschlägt"[94]. Die Dessauer Verhandlung wurde genutzt zur Legitimierung des neuen Staates als wehrhaftes Bollwerk des Antikapitalismus. Sie stand unter dem Motto: "Die Deutsche Demokratische Republik schlägt zu!"[95] Die Prozesse gaben der SED die Möglichkeit zur Erziehung der Justiz und Disziplinierung der bürgerlichen Parteien und zur Verhaftung und Verdrängung ihrer kritischen Mitglieder. Geschah dies in Glauchau nur punktuell im Zusammenhang mit dem Prozeß, bildete der DCGG-Prozeß das Fanal einer breiten Säu-

[94] "Sächsische Zeitung", 8. Dezember 1948.

[95] Brief der Abteilung Organisation des FDGB-BV zur Massenbeteiligung der Werktätigen vom 14. April 1950, BArch SAPMO-FDGB-BV (Büro Zöllner) 43/133/4544, unpag.

berungsaktion.[96] Betroffen davon waren nicht nur Politiker und Funktionsträger der CDU oder LDP. Vor allem ehemalige SPD-Mitglieder der SED mußten sich einer vom Politbüro geforderten Selbstkritik unterziehen.

Während der Antikommunismus in der frühen Bundesrepublik die beherrschende Integrationsideologie wurde, gelang es der SED trotz propagandistischer Anstrengung und antifaschistischer "Gerichtspädagogik"[97] nicht, ihre Machtausübung durch die Anerkennung der Mehrheit der Bevölkerung zu legitimieren. Zwar wirkten die Schauprozesse von Glauchau und Dessau innerhalb des Partei- und Justizapparates disziplinierend, die "werktätigen Massen" ließen sich jedoch nicht - wie von der SED intendiert - auf die propagandistische Inszenierung ein.

Dem DCGG-Prozeß folgten weitere Schauprozesse auf dem Fuß. 1950 wurde zum Schauprozeßjahr - Ernst Melsheimer nahm es in seinem DCGG-Plädoyer vorweg: "Es wird nicht der letzte Prozeß dieser Art sein."[98]

96 Vgl. Dieter Marc Schneider, Sachsen-Anhalt, in: SBZ-Handbuch, S. 147-166, S. 158; Kos, 418ff.

97 So Kirchheimer, zitiert nach Werkentin, Scheinjustiz in der frühen DDR. Kritische Justiz 1991, S. 333-350, S. 335.

98 Vgl. Verhandlungsprotokoll, BAP DC-1-1925, Bl. 347. Es folgten der Prozeß gegen die "Zeugen Jehovas" wegen Spionage, Kriegs- und Boykotthetze im Oktober, der Prozeß gegen den ehemaligen thüringischen Finanzminister Moog wegen Sabotage der Finanz- und Steuerpolitik und der Prozeß gegen ehemalige Direktoren und leitende Angestellte der Deutschen Solvay Werke AG wegen Sabotage im Dezember.

Falco Werkentin

Politische Strafjustiz nach dem Volksaufstand vom 17. Juni[1]

Wer am 12. Juni 1953, es war ein Freitag, das "Neue Deutschland" aufschlug oder in der Straßenbahn dem Nachbarn über die Schulter schaute, erfuhr Altbekanntes und Überraschendes zugleich.
Auf der erste Seite war zu lesen, daß die Brigade "Freies Volk" eines Leipziger Betriebes eine freiwillige Normerhöhung um 33 % beschlossen hätte, sie allerdings noch übertrumpft worden sei von den Walzgießern aus Coswig, die für eine 40prozentige Normerhöhung gestimmt hätten. Seit das Politbüro im Mai eine allgemeine Normerhöhung um 10 % beschlossen hatte, die demnächst in Kraft treten sollte, war die Arbeiterklasse der DDR von einer wilden Verzückung ergriffen. Werktätige überschlugen sich tagtäglich mit Selbstverpflichtungen zu Lohnkürzungen - glaubte man dem "Neuen Deutschland" - denn die Erhöhung der Normen bedeutete nichts anderes.
Doch wichtiger als die Meldungen über den freiwilligen Lohnverzicht war an diesem Tage das "Kommuniqué über die Sitzung des Ministerrates der DDR vom 11. Juni". Es beherrschte die Titelseiten aller Tageszeitungen der DDR und verkündete bisher nie Dagewesenes: Die Regierung übte Selbstkritik!
Es hieß, der Ministerrat habe am gestrigen Tage eine Anzahl von Maßnahmen beschlossen, "durch welche die auf den verschiedensten Gebieten begangenen Fehler der Regierung und der staatlichen Verwaltungsorgane korrigiert werden."
Verkündet wurde die Rücknahme der Preiserhöhungen und Rentenkürzungen der letzten Wochen;
- republikflüchtigen Bauern wurde das Angebot gemacht, zurückzukehren und die Höfe wieder in Besitz zu nehmen;
- Handwerker, Einzel- und Großhändler, private Industrie-, Bau - und Verkehrsbetriebe sollten auf Antrag ihre Betriebe zurückerhalten und

[1] Vortrag am 12. Juni 1996.

würden durch kurzfristige Kredite unterstützt. Und schließlich nicht zuletzt:

- Das Justizministerium und der Generalstaatsanwalt hätten Anweisung erhalten, sofort alle Verhaftungen und Urteile zur Beseitigung etwa vorliegender Härten zu überprüfen.

Wenige Tage zuvor, am 3. Juni, hatte das Bezirksgericht Schwerin z.B. einen Arbeiter zu acht Jahren Zuchthaus verurteilt, der im Betrieb RIAS-Meldungen verbreitet hatte, und einen Holzkaufmann zu zehn Jahren Zuchthaus, da bei ihm "mehrere Westzeitschriften" gefunden worden waren und er mit seinem Prokuristen über einige Wirtschaftsinformationsbriefe aus Westberlin diskutiert hatte.[2] Unter Vorsitz von Bruno Haid sprach noch am 9. Juni das Bezirksgericht Chemnitz gegen einen 54jährigen selbständigen Friseur und gegen dessen 18jährigen Sohn Zuchthausstrafen von 10 und 5 Jahren wegen sogenannter Boykotthetze aus. Der Vater hatte im Frisiersalon anläßlich des Todes von Stalin am 3. März d.J. daran erinnert, daß Stalin in Katyn Tausende polnische Offiziere umbringen ließ, und über die Steuerpolitik der SED geschimpft, die selbständige Gewerbetreibende in den Ruin führen solle; einem Lehrmädchen des Betriebes hatte das MfS belastende Aussagen über den Lehrherren abgezwungen.
Es gab offenbar "vorliegende Härten" in der Justizpraxis der DDR.

Wenige Kilometer von Berlin entfernt, in Brandenburg, nahmen an diesem 12. Juni sechs Arbeiter des Fuhrunternehmers Taege die Beschlüsse des Ministerrats so ernst, daß sie zum Kreisstaatsanwalt gingen und die Freilassung ihres Chefs forderten. Er saß wegen des Vorwurfs der Steuerhinterziehung in Haft. Nachdem sie abgewiesen worden waren, führte ihre vernehmbare Empörung vor der im Stadtzentrum liegenden Haftanstalt innerhalb einer Stunde nahezu 5.000 Personen zusammen, die in

[2] MdJ, der Minister, 28.7.53: An den Hohen Kommissar der UdSSR, Analyse der Rechtsprechung der 1. Strafsenate der Bezirksgerichte, 1.1.53–30.6.53, Bundesarchiv Berlin, Bestand: Stiftung Archiv der Parteien und Massenorganisationen der ehemaligen DDR, Zentrales Parteiarchiv der SED (folgend: BArch DY 30) IV 2/13/409.

den Protest einstimmten. Es kam zu Zusammenstößen zwischen Parteifunktionären und Demonstranten, die erst am Abend nachließen.[3]
Wie in Brandenburg, kam es auch in Weimar an diesem 12. Juni zu einer Demonstration vor dem Gefängnis. Der Partei wurde gemeldet: "Vor der Strafanstalt Weimar sammelten sich schnell mehrere 100 Menschen, die mit Blumensträußen Sympathie-Kundgebungen durchführten und angeblich ihre Angehörigen abholen wollten. Erst gegen 23 Uhr abends konnte diese Ansammlung endlich zerstreut werden."[4]
Solche Aktionen setzten sich fort. In Güstrow waren es am 16. Juni ca. 500 Handwerker, Angehörige von Inhaftierten und die Belegschaft einer privaten Sitzmöbelfabrik, deren Eigentümer zu Pfingsten wegen des Vorwurfs der Steuerhinterziehung in Haft genommen worden war, die vor das Kreisgerichtsgebäude zogen und verlangten, politische Häftlinge zu entlassen;[5] in Berlin kam es am 16. Juni gegen 21 Uhr vor der Frauen-Strafvollzugsanstalt Barnimstraße zu einer spontanen Ansammlung, auf der ca. 800 bis 900 Demonstranten die Freilassung politischer Häftlinge forderten und versuchten, Gefangene zu befreien.[6]
Daß wie in Brandenburg, so auch in Güstrow Arbeiter vor die Gefängnisse zogen, um die Haftentlassung ihrer Kapitalisten zu fordern, war ein völlig neues Phänomen in der Geschichte der Arbeiterbewegung - ein ureigenstes geschichtliches Produkt des realen Sozialismus. Nie zuvor hatte man dergleichen gehört.
Wie sehr nicht nur der geplante Lohnraub, also die vom Politbüro beschlossene 10 %ige Normerhöhung, sondern gleichermaßen die Instrumente der Sicherung des ersten Arbeiter-und-Bauern-Staates - d.h. Volkspolizei, MfS und Justiz - zur Ursache des Aufstandes wurden,

3 Bericht der Bezirksleitung Potsdam, 16.6.53, BArch DY 30 IV 2/5/527, und knapper Bericht in MdI, HV Strafvollzug, Bericht II. Quartal 1953, Bestand MdI der DDR, O-1/117/2, 07754.

4 Telefonischer Bericht, Betr.: Erfurt, aufgenommen 13.6.53, BArch DY 30 IV 2/5/527.

5 Torsten Diedrich, Der 17. Juni in der DDR, Berlin 1991, S. 44 und Anruf Bezirksleitung Schwerin, 16.6.53, BArch DY 30 IV 2/5/525.

6 Bericht der SVA Barnimstr. über versuchte Gefangenenbefreiung am 16. Juni, 5.7.53, Landesarchiv Berlin (LAB), STA Rep. 303-26, Nr. 88, Bl. 202ff.; vgl. auch Urteil des Stadtgerichts Berlin vom 25.8.53 gegen Hertel u.a. Az.: (101d) 1 c 651.53 (38.53).

drückte sich zum einen in den politischen Forderungen während des Aufstands aus. Es gab kaum eine Kundgebung ohne das Verlangen, alle politischen Häftlinge freizulassen.
Zum anderen wurden am 17. Juni in vielen Orten gerade die Gefängnisse und Gerichtsgebäude, MfS-Objekte und Polizeistationen zum bevorzugten Ziel von Demonstrationen und des Versuchs, sie zu stürmen, um Häftlinge zu befreien.

Was vor dem 17. Juni noch scheiterte - die Befreiung von Häftlingen -, führte am 17. Juni in manchen Orten zum Erfolg. Nach einer internen Übersicht des MdI wurden an diesem Tag 13 VP-Dienststellen, zwei MfS-Gebäude (Niesky und Görlitz) sowie 12 Haftanstalten erfolgreich belagert bzw. gestürmt; insgesamt konnten 1.297 Gefangene befreit werden.[7] Bei weiteren 7 Haftanstalten war es zu vergeblichen Versuchen der Gefangenenbefreiung gekommen. In vielen Orten gestürmt und verwüstet wurden auch Gerichtsgebäude; Richter und Staatsanwälte bezogen Prügel.
Anschaulich schilderte der Leiter der Justizverwaltungsstelle Potsdam die Situation in Brandenburg:
"In den Vormittagsstunden des 17.6. zog eine ungefähr zweieinhalbtausendköpfige Menschenmenge vor das Kreisgericht. Sie drangen zunächst in die Untersuchungshaftanstalt ein, rissen die Gewalt an sich und ließen alle Häftlinge mit Ausnahme der wegen Sittlichkeitsverbrechen Einsitzenden frei. Die Menge forderte dann die Auslieferung von verschiedenen Richtern und Staatsanwälten, so den Kreisstaatsanwalt von Brandenburg Stadt, B., die Direktorin des Kreisgerichts Brandenburg-Land, K. (...), den zur Zeit in Urlaub befindlichen Kreisrichter G. (CDU), den sie mit ›Massenmörder‹ bezeichneten ..."[8]

Die in solchen Aktionen sich ausdrückende Wut auf die Justiz hatte ihre Vorgeschichte. Seit der II. Parteikonferenz im Juli 1952 hatte sich der Konfliktkurs der SED mit allen gesellschaftlichen Teilgruppen rabiat

7 Bericht 16.6.-22.6.53, BArch MdI O-1-11/45, Bl. 60ff., vgl. auch MdI, HV Strafvollzug, Jahresbericht 53, BArch O-1/117/2, 07758.

8 Justizverwaltungsstelle, Bezirk Potsdam, 19.6.53, Bericht über die Vorkommnisse im Bezirk Potsdam, BArch, Bestand MdJ der DDR, P-1-S-1053, Bl. 485ff.

verschärft. Die nun offen betriebene "Revolution von oben" mit dem Staat als "Hauptinstrument bei der Schaffung der Grundlagen des Aufbaus des Sozialismus" wies insbesondere der Strafjustiz die Aufgabe zu, als "Hebel" der sozialen Umwälzung zu wirken. Über die strafrechtliche Unterdrückung aller Anzeichen politischer Opposition hinaus sollte die Justiz, versteckt hinter strafrechtlichen Deliktvorwürfen, ihren Beitrag leisten zur Enteignung mittelständischer Gewerbetreibender, von Mittel- und Großbauern. Die Ihnen gewiß bekannte "Aktion Rose" an der Ostseeküste im Frühjahr 1953 war einer der Höhepunkte dieser hinter strafrechtlichen Vorwürfen verdeckten Politik der Enteignung.
Mit der konsequenten Anwendung des "Gesetzes zum Schutz des Volkseigentums", das im Oktober 1952 in Kraft getreten war, wurde der Versuch gemacht, mittels justitiellen Terrors einen gesellschaftlichen Wertewandel zu erreichen. Den Arbeitern der Großbetriebe war das Gesetz zur "Popularisierung" gar in die Lohntüten gesteckt worden. Es forderte bei geringfügigsten Angriffen auf das Volkseigentum obligatorisch als Mindeststrafe 1 Jahr Zuchthaus und führte dazu, wie interne Berichte des Generalstaatsanwalts der DDR ausweisen, daß Tausende Arbeiter - etwa wegen des Diebstahls von 2 kg Zement im Wert von 0,25 Pf - zu Zuchthausstrafen verurteilt wurden.
Im Ergebnis dieser verschärften Strafpolitik, von der gleichermaßen Arbeiter wie Bauern und Gewerbetreibende betroffen waren, stieg die Zahl der in den Haftanstalten Einsitzenden vom Juli 1952 - zu diesem Zeitpunkt gab es etwa 40.000 Häftlinge aller Kategorien - bis Mai 1953 auf ca. 67.000 - bei einer Bevölkerungsgröße von ca. 18 Mio. Zur selben Zeit waren in der Bundesrepublik (ohne Saarland) bei einer Bevölkerungsgröße von ca. 52 Mio. annähernd 40.000 Gefangene in Strafhaft.

Wie wir seit Öffnung der DDR-Archive wissen, war das Politbüro der KPdSU offenbar beunruhigter über die katastrophale ökonomische Situation und Stimmungslage in der DDR und weitsichtiger als die deutschen Genossen vor Ort. Es versuchte, in den ersten Juni-Tagen 1953 das Steuer herumzureißen, um die gefährliche Lage zu entschärfen, und bestellte zum 2. Juni die SED-Politbüromitglieder Ulbricht, Grotewohl und Oelßner nach Moskau, um einen vom Politbüro der KPdSU wenige Tage zuvor beschlossenen Katalog von "Maßnahmen zur Gesundung der poli-

tischen Lage in der DDR" entgegenzunehmen. Er enthielt u.a. die Forderung: "Maßnahmen zur Stärkung der Gesetzlichkeit und Gewährung der Bürgerrechte zu treffen. Von harten Strafmaßnahmen, die durch Notwendigkeit nicht hervorgerufen werden, (ist) abzusehen. Die Gerichtsunterlagen der bestraften Bürger (sind) zu prüfen zwecks Befreiung der ohne genügende Gründe zur Verantwortung gezogenen Personen. Unter diesem Gesichtspunkt (sind) entsprechende Änderungen in der bestehenden Strafgesetzgebung vorzunehmen."[9]
Das so nachdrücklich "angeleitete" Politbüro der SED beschloß am 9. Juni 1953 den "Neuen Kurs". Zwei Tage später wurde dieser Beschluß in der bereits zitierten Erklärung des Ministerrats konkretisiert.
Von der Bevölkerung wurde der "Neue Kurs" als das begriffen, was er war: ein deutliches Eingeständnis der Schwäche. So führte er nicht zur innenpolitischen Entspannung, sondern weckte vielmehr die Hoffnung auf den gänzlichen Zusammenbruch des Regimes. Die "Freudige Zustimmung zu den Beschlüssen des Politbüros", die die Titelseite des Neuen Deutschlands am 14. Juni verkündete, drückte sich seit dem 9. Juni real in einer wachsenden Zahl von Arbeitsniederlegungen in den Betrieben aus; in dörflichen Gaststätten feierten Bauern in der zweiten Juni-Woche bereits den absehbaren Sturz Ulbrichts.[10] Es bedurfte nur eines Signals. Am 16. Juni setzten es die Bauarbeiter von der Berliner Stalinallee mit ihrem Streikaufruf und dem Marsch durch Ost-Berlin.

Justizpolitik nach dem 17. Juni 1953

Die Justizpolitik der folgenden Monate ist vor diesem Hintergrund zu sehen. Einerseits war den Genossen deutlich geworden, daß der seit der II. Parteikonferenz radikal verschärfte "Klassenkampf von oben", nahezu gegen die gesamte Gesellschaft, in den politischen Bankrott geführt hatte. So blieb es im Interesse der Herrschaftssicherung geboten, sichtbare

9 Dokumentiert in "Beiträge zur Geschichte der Arbeiterbewegung", 1990, H. 5, S. 651-654, eine leicht abweichende Fassung in P. Przybylski, Tatort Politbüro, Bd. 1, Berlin 1992, S. 240ff.

10 Vgl. zur Stimmung im Vorfeld des 17. Juni A. Mitter/ Stefan Wolle, Untergang auf Raten, München 1993, S. 62ff.

Zeichen der innenpolitischen Entspannung zu setzen. Andererseits verlangte der unmißverständlich weiterhin erhobene Anspruch auf Fortbestand der SED-Herrschaft deutliche strafpolitische Reaktionen auf den Aufstand und auf die auch in den folgenden Wochen noch erkennbare Streik- und Kampfesbereitschaft insbesondere in den Großbetrieben. Aus diesem Dilemma versuchte sich die Partei in den Monaten nach dem 17. Juni durch eine strikt angeleitete und kontrollierte Strafpraxis herauszuwinden, die im strafenden Zugriff zwischen den verschiedenen gesellschaftlichen Gruppen und politischen Strömungen zu differenzieren suchte.
Unmittelbar nach dem 17. Juni verkündete das Neue Deutschland (20.6.), daß der im "Kommunique" vom 9. Juni angemeldete justizpolitische Kurs der "Beseitigung vorliegender Härten" bei zuvor ausgesprochenen Strafurteilen weiterverfolgt würde und Gerichte sowie Staatsanwälte angewiesen seien, Urteile mit dem Ziel der Entlassung Verurteilter zu überprüfen. Zudem würden Strafverfahren wegen Nichterfüllung des Ablieferungssolls gegen Bauern eingestellt und Strafverfahren wegen rückständiger Steuerabgaben aus den Jahren 1951 nicht mehr betrieben. Und die Partei hielt sich daran. Nach Überwindung einiger interner Widersprüche wurden bis zum Abschluß der Überprüfung Ende Oktober 1953 nahezu 24.000 Personen vorzeitig aus der Haft entlassen.
Doch füllten sich die Haftanstalten nach dem 17. Juni umgehend mit neu Verhafteten. Ein interner Bericht der Hauptverwaltung Deutsche Volkspolizei nennt 6.057 Personen (ohne von sowjetischen Dienststellen Verhaftete), die bis zum 22.6.1953, 18 Uhr DDR-weit festgenommen worden waren.[11] Und auch in den folgenden Wochen und Monaten gingen die vorläufigen Verhaftungen von Personen weiter, die in Verdacht standen, sich an den Unruhen beteiligt zu haben. Auf Grundlage von SED- und Stasi-Berichten kommt A. Mitter bis zum 1. August auf ca. 13.000 festgenommene Personen, von denen allerdings viele nach wenigen Tagen wieder entlassen wurden.[12] In Berlin wurden anfangs mangels freier Haftplätze Tausende auf dem Gelände des sogenannten Magerviehhofes festgehalten.

[11] BArch, MdI 11/45, Blatt 82-83.
[12] Siehe Mitter/ Wolle, a.a.O., S. 126.

Der Parteiauftrag an die Justizfunktionäre

Wissend, daß der Volksaufstand vom 17. Juni nicht nur eine Reaktion auf die kurz zuvor diktierten Normerhöhungen war, sondern gleichermaßen eine Antwort auf die seit der II. Parteikonferenz nochmals radikal verschärfte politische Repression und Strafpolitik, gab das ZK der SED auf seinem 14. Plenum am 21. Juni 1953 den Justizfunktionären als allgemeine strafpolitische Linie vor,
"... mit größter Sorgfalt zu unterscheiden zwischen den ehrlichen, um ihre Interessen besorgten Werktätigen, die zeitweise den Provokateuren Gehör schenkten, und den Provokateuren selber."[13]
Aber auch die sowjetischen Freunde verzichteten nicht darauf, dem Politbüro Anweisungen zu geben, wie auf den 17. Juni strafpolitisch zu reagieren sei. Ein "Merkblatt" - so der ständige Begriff für schriftliche Belehrungen seitens der Besatzungsmacht - enthielt die Direktive:
"I. In Gefängnissen, in welchen sich Personen befinden, die im Zusammenhang mit den Provokationen in Berlin und einer Reihe von Städten der DDR festgenommen wurden, sind Kommissionen, bestehend aus verantwortlichen Vertretern des Bezirksrates oder des Magistrats (gleichzeitig als Vertreter der Bezirksleitung der SED), aus Organen des Sicherheitsministeriums und der Staatsanwaltschaft zu bilden (...)
Die erwähnten Kommissionen müssen im Laufe des 26. - 28. Juni die Überprüfung der Gründe für die Festhaltung der Schuld der tatsächlichen Anstifter und Anführer der Unruhen, vor allem der Personen aus Westberlin, berichten können (...)
3. Personen, gegen welche nach Ansicht der Kommission eine weitere Untersuchung durchgeführt werden muß (Personen aus anderen Ortschaften, insbesondere aus Westberlin, sowie Personen, die auf Grund ihrer sozialen Stellung oder ihrer früheren Tätigkeit usw. ernsthaften Verdacht erwecken), werden den Untersuchungsorganen zur Durchführung einer eingehenden Untersuchung übergeben (...)
4. In den nächsten Tagen ist eine Reihe von Gerichtsverhandlungen in Sachen der Anstifter und Anführer der Unruhen, vor allem aus der Reihe

13 "Über die Lage und die unmittelbaren Aufgaben der Partei", hier zit. nach der Dokumentation in K.W. Fricke/ I. Spittmann (Hg.), 17. Juni - Arbeiteraufstand in der DDR, Köln 1988, S. 210ff.

der Bewohner Westberlins, für welche ein genügendes Belastungsmaterial vorhanden ist, vorzubereiten und durchzuführen."[14]

Offenbar bevor noch dieses undatierte Merkblatt ankam, beauftragte das Politbüro am 20. Juni Justizminister Fechner und Generalstaatsanwalt Melsheimer, die "erforderlichen Maßnahmen zu treffen, damit die im Zusammenhang mit den Ausschreitungen der letzten Tage Verhafteten ab Sonntag, den 21. Juni 1953, zur Aburteilung gelangen."[15] In Umsetzung dieses Politbürobeschlusses wurde am selben Tage ein sogenannter Operativstab zur Anleitung der 17.-Juni-Strafverfahren gebildet. Neue Aktenfunde bestätigten damit Aussagen, die ein hochrangiger Mitarbeiter des MdJ der DDR, Dr. Reinartz, nach seiner Flucht im Winter 1953 gegenüber dem "Untersuchungsausschuß freiheitlicher Juristen" gemacht hatte.[16] Unter Leitung von Hilde Benjamin gehörten diesem Stab Hauptabteilungsleiter Böhme vom Ministerium der Justiz, Richterin Helene Kleine vom Obersten Gericht und Staatsanwalt Wunsch vom Generalstaatsanwalt an.
Es war jene Helene Kleine, verheiratete Heymann, die am 30. März letzten Jahres vom Landgericht Berlin weg. Rechtsbeugung in Tateinheit mit Totschlag zu 5 Jahren Haft verurteilt worden ist.
Bereits am 20. Juni 1953 erhielten alle Direktoren der Bezirksgerichte eine fernmündliche Anweisung, zu deren Durchsetzung und Kontrolle gleichfalls noch an diesem Tage Instrukteure losgeschickt wurden. Die Anweisung besagte:

"1.) Es sind sofort bei allen Bezirksgerichten Strafsenate einzurichten zur Aburteilung der Provokateure und Brandstifter der letzten Tage. (...)
2.) Diese Strafsachen sind sofort zu bearbeiten, zuzustellen und ab Sonntag, dem 21.6.53, zu verhandeln.
(...)
5.) Der Vorsitz in diesen Senaten ist bewährten Richtern zu übertragen. Es können auch bewährte Richter von Kreisgerichten an die Bezirksgerichte abgeordnet werden ...

[14] Merkblatt (vom Juni 1953), BArch DY 30 NL 90/699.
[15] Barch DY 30, J IV 2/2/291, Tagesordnungspunkt 5.
[16] Vgl. Bundesministerium für gesamtdeutsche Fragen (Hg.): Unrecht als System, Bd. 2, Bonn 1955, S. 78.

6.) Geeignete Schöffen sind aus der Schöffenliste auszuwählen in Zusammenarbeit mit der Bezirksleitung der SED.
7.) Geeignete Pflichtverteidiger müssen ebenfalls nach Rücksprache mit der Bezirksleitung der SED ausgewählt werden (...)
8.) Das Strafmaß ist weitgend zu differenzieren. Nur in den schwersten Fällen wird die Staatsanwaltschaft Anklage nach Artikel 6 der Verfassung erheben (...)
9) Alle Strafsachen sind als 1er-Strafsachen zu behandeln.
10.) Alle Todesurteile sind innerhalb von 24 Stunden dem Obersten Gericht durch Sonderkurier zu übersenden, wenn Berufung eingelegt wurde. (mit Akten)
11.) Über die Durchführung der Verhandlungen am 21.6.53 ist mir auf dieser Leitung am Montag früh 9 Uhr kurz zu berichten."[17]

In den nächsten Tagen folgten weitere schriftliche Anweisungen für die Instrukteure, in denen immer wieder herausgehoben wurde, daß richtig zu differenzieren sei, da "der Eindruck von Repressalien unbedingt vermieden werden muß", wie es Benjamin in einem vom 1. Juli datierten Berichtsentwurf für die sowjetischen Freunde ausdrückte.[18] Deutlich erkennbar ist der Versuch, einen Keil zu treiben zwischen Arbeiter, die für wirtschaftliche Interessen auf die Straße gegangen waren, und jene Teile der Bevölkerung, die in den Tagen des 17. Juni die Chance sahen, das SED-Regime selbst zu stürzen. Dem Operativstab war von den Staatsanwälten, den Bezirksgerichten und Instrukteuren, die ihrerseits Urteilsanweisungen erhielten, täglich Bericht zu erstatten. Das galt selbstverständlich auch für das Oberste Gericht.
Nach Eingang der Meldungen aus den Bezirken informierte Benjamin täglich den Genossen Plenikowski von der ZK-Abt. Staatliche Verwaltung und forderte Entscheidungen des ZK-Apparates an für größere Strafverfahren, so z.B. in der Frage des Todesurteils gegen den Magdeburger Gärtner Jennrich[19], oder für Verfahren, die ihr politisch besonders

[17] BArch P-1-S-1053.
[18] BArch P-1-S-1053, Operativstab, Berlin den 1. Juli 1953, betr: Bericht über die Durchführung der Strafverfahren gegen die Provokateure des 17. Juni 1953.
[19] Vgl. K.W. Fricke, Todesstrafe für Magdeburger "Provokateur", in: Deutschland-Archiv, 5/1993.

sensibel erschienen, so etwa in der Frage des Urteils gegen einen Pfarrer aus Tennstedt. Gleichzeitig gingen vom Operativstab telefonische und schriftliche Berichte auch an sowjetische Dienststellen - eine Praxis, die allerdings bereits vor dem 17. Juni zu den eingespielten Gepflogenheiten der DDR-Justiz zählte.
Wie sehr die Partei darauf bedacht war, mit ihrer Strafpraxis zwar einzuschüchtern, jedoch nicht neues Öl ins Feuer zu gießen, wird auch daran erkennbar, daß eine Direktive vom 23. Juni 1953 forderte, "daß in den Fällen, in denen Angeklagte Arbeiter aus Betrieben sind, der Urteilsspruch und eine kurze Darstellung des Sachverhalts dem Parteisekretär des Betriebes mitzuteilen ist. Eine Durchschrift erhält die jeweilige Kreisleitung der SED. Die Instrukteure sollten ferner Informationen darüber einholen, wie die jetzt durchgeführten Prozesse in den Betrieben und in der Bevölkerung wirken."[20]
Gleichzeitig beauftragte Benjamin den Demokratischen Frauenbund, sich um die Familien Verhafteter zu kümmern und sie auch materiell zu unterstützen, damit sie nicht "ins Lager der Gegner" wechseln.
An diesem Versuch eines differenzierten Vorgehens änderte auch die Verhaftung von Justizminister Fechner am 14. Juli 1953 und die Ernennung Benjamins zur neuen Justizministerin nichts.
Gemäß den Vorgaben der sowjetischen Freunde, so schnell als möglich Beteiligte des 17. Juni abzuurteilen, wurden vermittels für diese Verfahren neu gebildeter Strafkammern innerhalb von 10 Tagen, d.h. bis zum 30. Juni, bereits 333 Personen verurteilt, darunter 273 Arbeiter.
Die Propaganda zielte jedoch auf etwas anderes. Es galt, den Nachweis zu erbringen, daß Agenten aus der Bundesrepublik und faschistische Elemente den Putsch vorbereitet und durchgeführt hätten. Eine Anweisung des MfS vom 23. Juni an alle Bezirksverwaltungen enthielt folglich die Aufforderung, unter Vernachlässigung aller "Erwägungen der Konspiration" den SED-Bezirksleitungen für diesen Zweck Material zur Verfügung zu stellen.

Zu den ersten Verhafteten, die aus propagandistischen Gründen umgehend abgeurteilt wurden, zählte der 27jährige Westberliner Student Wolfgang Gottschling, gegen den am 22. Juni 1953 vom Stadtgericht

[20] Bericht über die Durchführung ...

Groß-Berlin unter Vorsitz von Götz Berger 6 Jahre Zuchthaus "wegen Rädelsführerschaft" und "faschistischer Propaganda" ausgesprochen wurden. Er hatte sich am 17. Juni auf den Weg nach Ostberlin gemacht, um seiner Cousine beim Umzug zu helfen. Wenige Meter von hier entfernt, Friedrichstr./Ecke Französische, hatte sich Gottschling in ein Streitgespräch mit Volkspolizisten eingelassen. Zudem soll er, so der Vorwurf, gegenüber Herumstehenden erklärt haben, daß sich die Verhältnisse bald ändern würden.
Jener Götz Berger, der 1953 dieses Urteil verkündete, ist identisch mit jenem Rechtsanwalt Götz Berger, der unlängst verstorben ist - während seiner zeugenschaftlichen Vernehmung im Rechtsbeugungsstrafverfahren vor dem Landgericht Frankfurt/Oder gegen Justizfunktionäre, die einst Robert Havemann im Parteiauftrag verurteilt hatten.

Der Fall Erna Dorn

Dem propagandistischen Nachweis faschistischer Rädelsführerschaft diente ein anderes Urteil - das Todesurteil gegen eine Frau aus Halle, die unter dem Begriff "die faschistische Kommandeuse Erna Dorn alias Rabestein" zur negativen Heldin der antifaschistischen Geschichtsmythologie der DDR wurde.[21] Das Urteil wurde am 22. Juni vom Bezirksgericht Halle verkündet. Dies ist eine Geschichte von ganz besonderer Perfidität, die darzustellen einen eigenen Abend verlangte. Hier in aller Kürze folgendes:
Jene Frau tauchte im Dezember 1945 in Halle mit einem Entlassungsschein aus dem KZ Lobowitz auf, heiratete einen Altkommunisten und betrieb ihre Anerkennung als Opfer des Faschismus. 1950 wird sie wegen Kleinkriminalität zum ersten Mal verurteilt, aber bald infolge eines Gnadenerlasses entlassen. Es folgen neue kleine Straftaten und eine erneute Verhaftung. Nun meldet sie sich aus eigenen Stücken beim Staatsanwalt und sagt aus, daß sie bisher einen falschen Namen angegeben hätte, um ihre Tätigkeit für die Gestapo zu verschweigen. Zugleich spricht sie von westlichen Agentenringen, für die sie arbeiten würde. VP,

[21] Eine aufführliche Darstellung des Falles in Falco Werkentin, Politische Strafjustiz in der Ära Ulbricht, Berlin 1995, S. 198.

MfS und der Ermittlungsausschuß der VVN beginnen alles nur Mögliche, um die Selbstbeschuldigungen zu überprüfen. Nachdem diese Frau erklärt, daß sie im KZ Ravensbrück in der politischen Abteilung tätig gewesen sei, wird sie überlebenden politischen Häftlingen aus Ravensbrück gegenübergestellt, ihr Foto an weitere Überlebende verschickt und im VVN-Ermittlungsdienst publiziert. Doch niemand kennt diese Frau, niemand hat je den Namen gehört.

Gleichwohl wird sie als angebliche KZ-Wärterin ausschließlich aufgrund der Selbstbeschuldigungen im Mai 1953 vom BG Halle wegen "Verbrechen gegen die Menschlichkeit" zu 15 Jahren Zuchthaus verurteilt.

Beim Sturm auf das Gefängnis in Halle wird sie am 17. Juni mitbefreit.

Ihr "todeswürdiges" Verbrechen am 17. Juni 1953 schildert ein Bericht für Benjamins "Operativstab":

"Sachverhalt des gegenwärtigen Prozesses: Aus dem Gefängnis befreit, begab sie sich zu einem ihr bekanntgemachten Zufluchtsort (christliches Heim mit Oberschwestern). Dort hat sie sich umgezogen und ist zum Hallmarkt gegangen. Auf dem Wege hat sie VP-Angehörige beschimpft, die Menge aufgehetzt, VP-Angehörige anzugreifen. Auf dem Hallmarkt war ein Auflauf, hier hetzte sie zum Sturz der Regierung. Auf dem Rückweg hetzte sie in derselben Form die Menge auf. Sie hat sich als Anführerin betätigt."[22]

Bereits am 18. Juni wieder festgenommen, wurde sie am 22. Juni unter Ausschluß der Öffentlichkeit vom Bezirksgericht Halle zum Tode verurteilt, erneut ohne eine einzige zeugenschaftliche Aussage zu ihrer angeblichen Rolle am 17. Juni.

Drei Tage, bevor das Oberste Gericht der DDR am 28. Juni das Todesurteil bestätigt, holt sich Benjamin vom ZK-Apparat die Genehmigung, verbunden mit der Mitteilung, daß sie Bedenken habe, die Dorn-Akten "der Presse zur Einsicht zu geben".[23] Wie bei Todesurteilen seit 1950 gängige Praxis, bestätigte das Politbüro in seiner Sitzung am 8. September 1953 die Vollstreckung des Urteils - eines von 11 Todesurteilen, über das an diesem Tage entschieden wurde, wobei nur das Urteil gegen Erna Dorn im Zusammenhang mit dem 17. Juni stand.[24]

22 BArch P-1-S-1053, Bericht über den Prozeß gegen die KZ-Kommandeuse Erna Dorn in Halle, Berlin, den 23.6.1953.

23 Ebd., Benjamin-Brief an ZK, z.Hd. Plenikowski, vom 25. Juni 1953.

24 BArch DY 30, J IV 2/2/322.

Seit dem 20. Juni wird in der DDR-Presse die "KZ-Kommandeuse Erna Dorn alias Rabestein" als faschistische Rädelsführerin des Putsches in Halle präsentiert, wobei man ihr nun die Biographie einer Frau unterschiebt, die bereits 1948 vom Landgericht Halle als Hundeführerin im KZ Ravensbrück zu lebenslanger Haft verurteilt worden war - nämlich eine Frau Rabestein. Frau Rabestein sitzt zu diesem Zeitpunkt im Zuchthaus Waldheim ein und stirbt 1974 in der Frauenhaftanstalt Hoheneck. Im ND fordern nun Überlebende des KZ Ravensbrück für Erna Dorn alias Rabestein die längst zwischen Benjamin und dem ZK-Apparat abgesprochene Todesstrafe.

Auch nach dem Todesurteil versucht das MfS noch geraume Zeit herauszubekommen, wer da eigentlich zum Tode verurteilt worden ist, doch vergeblich. Es lassen sich keine Dokumente und Zeugen auffinden, die etwas zur Identität dieser Frau vor ihrem Erscheinen in Halle, Dezember 1945, beweiskräftig aussagen können. Sie wird am 1. Oktober 1953 in Dresden hingerichtet.

Wir wissen bis heute nicht, wer diese Frau wirklich war. Obwohl angeblich NSDAP-Mitglied und Angehörige der politischen Abteilung des KZ Ravensbrück, haben sich weder zu ihr noch zu ihrem angeblichen Ehemann, der bei der SS gewesen sein soll, oder zu ihrem angeblichen Vater, der in leitender Stelle bei der Gestapo in Königsberg gewesen sein soll, in einschlägigen Archiven wie dem Berliner Documentcenter Hinweise finden lassen. Auch taucht eine Erna Dorn nicht in jener Liste der Mitarbeiter der politischen Abteilung des KZ Ravensbrück auf, die die 1945 von den Amerikanern verhaftete Oberaufseherin in Ravensbrück, Johanna Langefeld, anläßlich ihrer Vernehmungen durch die Amerikaner am 31. Dezember1945 fertigte. Diese Liste befindet sich heute im amerikanischen National Archive in Washington, DC.[25] Alle Indizien sprechen dafür, daß am 1. Oktober 1953 eine Frau hingerichtet wurde, die in geistiger Verwirrung sich seit 1951 in selbstzerstörerischer Art und Weise um Kopf und Kragen geredet hatte und nach dem 17. Juni ihr Leben lassen mußte, weil die SED aus Gründen der Abschreckung und der Propaganda Todesurteile brauchte.

[25] National Archive, Washington D.C., RG 338 NND 775032, Box 522 (War Crimes).

Erna Dorn - oder wie auch immer sie hieß -wurde zum zentralen Beweismittel für die Propagandathese der SED, daß der 17. Juni ein Putschversuch gewesen sei, angezettelt und geleitet von Faschisten und Agenten aus dem Westen.

Interne Auswertungen zur sozialen Struktur der nach dem 17. Juni Verurteilten und zur ehemaligen Mitgliedschaft der Verhafteten in Organisationen der NS-Zeit zeigen ein völlig anderes Bild. Der Hohe Kommissar der UdSSR berichtete im Herbst 1953 nach Moskau, daß bis zum 5. Oktober 1953 insgesamt 1.240 Teilnehmer des Aufstandes verurteilt wurden, darunter:

"Arbeiter	1.090	Mitglieder der SED	59
Unternehmer	70	Mitglieder der LDP	21
Bauern	46	Mitglieder der CDU	22
Großbauern	15	Mitglieder der NDPD	16
Sonstige	90	Mitglieder der DBD	17
		Mitglieder der FDJ	197"

Unter den Verurteilten waren 138 ehemalige Mitglieder nazistischer Organisationen und 23 Einwohner Westberlins.[26]
Dieser Bericht ist in mehrfacher Hinsicht aufschlußreich.
Zum ersten zeigt er, daß es gerade und vor allem die Arbeiterschaft war - immerhin 88 % der Verurteilten - die den Volksaufstand dominierte – eine für die Partei der Arbeiterklasse besonders schmerzhafte Erfahrung. Zum zweiten dementierte die geringe Zahl von 23 Einwohnern Westberlins, die man verhaftet und verurteilt hatte, die Legende von der zentralen Rolle, die sogenannte westliche Agenten beim Aufstand gespielt hätten. Drittens widersprach die Zahl von 138 Personen unter den Verurteilten, d.h. kaum mehr als 10 %, die einst Mitglieder nazistischer Organisatio-

26 Bericht des Hohen Kommissars der UdSSR über die politische und wirtschaftliche Lage der DDR im 3. Quartal 1953, Ursprung: Archiv für Außenpolitik der Russischen Föderation/ fond 082/op. 41/p. 270/d. 12, hier zit. nach der Übersetzung in Jan Foitzik, Berichte des Hohen Kommissars der UdSSR in Deutschland aus den Jahren 1953/54 - Im Auftrag der Enquete-Kommission des Deutschen Bundestages, Ms. 1994.

nen gewesen waren, der Propagandathese von den Faschisten, die den Aufstand angezettelt und geleitet hätten. Wir wissen heute - nach Öffnung der DDR-Archive - aus Unterlagen der SED, daß 1953 DDR-weit knapp 25 % der Mitglieder und Kandidaten der SED ehemals NSDAP-Mitglieder gewesen waren.
Pointiert formuliert: ehemalige Nazis saßen am 17. Juni nicht in den spontan gebildeten Streikleitungen, sondern in den Kreisleitungen der SED und den Betriebsgruppen der Partei "der Antifaschisten".

Zurück zum sog. "Operativstab", über dessen Tisch alle 17.-Juni-Strafverfahren gingen. Er wurde Ende August aufgelöst. Nur bedeutete dies nicht, daß die Anleitung der 17.-Juni-Strafverfahren damit beendet worden wäre. Fortan galt:
"2.) Für die Kontrolle der bei Gericht anhängigen Verfahren ist unmittelbar verantwortlich der Hauptabteilungsleiter Böhme (vom MdJ).
a) Ihm werden die Meldungen der Staatsanwaltschaft gemäß 1a zugeleitet.
b) alle Urteile werden zunächst ihm vorgelegt, von ihm bzw. seinen Mitarbeitern gelesen und mit einer kurzen Kritik an den Generalstaatsanwalt weitergeleitet."[27]
Beibehalten und verallgemeinert wurde mit Auflösung des "Operativstabes" auch das hier erstmals praktizierte System der Justizinstrukteure. Hierzu Benjamin in einem Bericht für das Politbüro:[28]
"Heute bestehen sowohl bei der Obersten Staatsanwaltschaft wie beim Justizministerium Instrukteurbrigaden, die regelmäßig nach festen Plänen die Bezirke und in jedem Bezirk auch gegebenenfalls einige Kreise aufsuchen, Weisungen der zentralen Stellen übermitteln, die Arbeit laufend beobachten und über die von ihnen gemachten Beobachtungen und Feststellungen den zentralen Stellen Signale geben."[29]

27 BArch P-1-S-1053, Berlin, den 3. September 1953, Vermerk.
28 Vgl. BArch DY 30, J IV 2/2/357.
29 BArch DY 30 NL 182/1121 - "Bericht der leitenden Genossen im Ministerium der Justiz und der Generalstaatsanwaltschaft über die Festigung der demokratischen Gesetzlichkeit und über die Entwicklung der Rechtsprechung im neuen Kurs".

Die strafpolitische Bilanz

Eine zusammenfassende Bilanz zur Justizpolitik nach dem 17. Juni 1953, für die Politbüro-Sitzung am 13. April 1954 von Justizministerin Benjamin und Generalstaatsanwalt Melsheimer erstellt, enthält folgende Angaben:
"Nach dem Stand von Ende Januar 1954 sind bei der Staatsanwaltschaft
- Verfahren gegen 3.449 Personen eingestellt,
- in 2.134 Fällen Anklage erhoben.
- Die Gerichte haben in 433 weiteren Fällen das Verfahren eingestellt
- und in 76 Fällen die Angeklagten freigesprochen.
- Von den 1.526 Angeklagten, die verurteilt wurden, erhielten
- 2 Angeklagte die Todesstrafe,
3 Angeklagte lebenslänglich Zuchthaus,
13 Angeklagte Strafen von 10 - 15 Jahren,
99 Angeklagte Strafen von 5 - 10 Jahren,
824 Angeklagte Strafen von 1 - 5 Jahren und
546 Angeklagte Strafen bis zu einem Jahr.
Dabei sind die ursprünglich ergangenen Urteile durch Rechtsmittel oder Kassation zum Teil korrigiert worden, um die teilweise falsche Einschätzung von Provokateuren, die unter dem Eindruck des Interviews von Fechner gestanden haben, zu beseitigen (...)"[30]

Von ursprünglich insgesamt 5.583 staatsanwaltschaftlichen Ermittlungsverfahren bis Ende Januar 1954 führten mithin kaum mehr als ein Viertel zu einer Verurteilung. Zwar wurden noch bis in den Sommer 1954 hinein Urteile in Zusammenhang mit dem 17. Juni gefällt. Doch haben sie die Gesamtbilanz nicht mehr allzu sehr verändert.

Für Berlin – eines der Zentren des Aufstands – benennt eine Meldung der Abteilung K (Kriminalpolizei) von Mitte Februar 1954 die Zahl der insgesamt von der Volkspolizei, der Großberliner MfS-Verwaltung und

[30] Ebd., die Differenz zwischen der Gesamtzahl der Verurteilten und der nach Strafhöhen aufgeschlüsselten Ziffern dürfte sich daraus erklären, daß auch Urteile mit Strafen unterhalb eines Jahres gefällt wurden, die bei den nach der Strafhöhe aufgeschlüsselten Ziffern nicht erwähnt sind.

vom Ministerium (zum Zeitpunkt der Meldung Staatssekretariat) für Staatssicherheit angeklagten Personen mit 273, davon 42 Bürger Westberlins. Verurteilt wurden bis zum selben Zeitpunkt insgesamt 154 Personen, davon 29 Bürger des Westteils der Stadt.[31]

Im II. Quartal 1954 gab es eine kleine Welle weiterer Strafverfahren wegen des Vorwurfs der Beteiligung am 17. Juni. Sie war u.a. darauf zurückzuführen, daß wegen außenpolitischer Gründe gemäß einer zentralen Weisung Ende des Jahres 1953 von der Staatsanwaltschaft 17.-Juni-Verfahren zurückgehalten wurden. Sie sollten nicht die Berliner Außenministerkonferenz der Siegermächte stören, die zwischen dem 25. Januar und 18. Februar 1954 stattfand.
Solche außenpolitischen Erwägungen konnten im konkreten Fall lebensrettend sein. Im November 1953 wies Melsheimer u.a. an, in einem Spionageverfahren statt der vorgesehenen Todesurteile nur auf lebenslange Haft zu plädieren, um nicht "mit 6 Todesstrafen der Regierungserklärung der DDR vom 25.11.1953 und der neuen Note der Sowjetregierung vom 26.11.1953 entgegenzuwirken".[32] Das Stadtgericht Berlin schloß im ersten Halbjahr 1954 weitere 52 17.-Juni-Verfahren gegen 66 Personen ab.[33] Die letzten 17.-Juni-Verfahren sind vom Januar 1955 aktenkundig.[34]
Zum Beispiel verurteilte das Berliner Stadtgericht am 26. Mai 1954 jene Arbeiter vom VEB Industriebau Berlin, Baustelle Krankenhaus Friedrichshain (Brigadier Karl Foth, der hauptamtliche BGL-Vorsitzende Max Fettling, Bauarbeiter Otto Lemke und der stellvertretende Brigadier Berthold Stanicke), die mit ihrer Arbeitsniederlegung und dem Marsch durch die Stadt am 16. Juni das Signal zum Aufstand gegeben hatten, zu Zucht-

31 Vgl. VP Berlin, Abt. K., Bericht vom 14.2.54: Strafverfahren aus Anlaß des 17. Juni, LAB 26/072, Bl. 84f.

32 Vgl. Melsheimer an den Hohen Kommissar der UdSSR, 28.11.53: Strafsache Steinmetz u.a., BAP P-1-V-1141.

33 Stadtgericht Groß-Berlin, 30.7.54: Analyse der Rechtsprechung der Strafsenate 1 des Stadtgerichts im 1. Halbjahr 1954 einschließlich der Verfahren im Zusammenhang mit dem faschistischen Putsch, BAP P-1-VA-140.

34 Vgl. GStA, 14.1.55, An Hohen Kommissar, Betr.: Strafsache Büttner u. 12 andere, Leuna-Werke, Streikleitung nach 17. Juni, BAP P-1-VA-1132, Bl. 55f., und Preuss, Urteil des Stadtgerichts Berlin vom 22.2.55, (1 0 1 a) 1 c (V) 1 70.54 (1 67.54).

hausstrafen zwischen vier und zehn Jahren.[35] Bereits in der Stellungnahme des 14. ZK-Plenums "Über die Lage und die unmittelbaren Aufgaben der Partei"[36] als Rädelsführer entlarvt und seit dem 18. Juni 1953 in Haft sitzend, ist einzig der späte Zeitpunkt des gerichtlichen Nachvollzuges der Vorverurteilung durch das ZK erklärungsbedürftig. Der Grund könnte darin zu finden sein, daß die SED sich erst wieder ihrer Macht sicherer sein wollte, bevor sie es wagte, bekannte und populäre Sprecher "ihrer Klasse" demonstrativ zu verurteilen.
Ebenso dürfte diese Machtlogik die späte Verurteilung des Bereichsleiters im Funkwerk Berlin-Köpenick, Bernhard Vinzelberg, erklären. Ihn - und einen weiteren Kollegen aus dem Werk - traf am 28. Mai ein Urteil des Stadtgerichts Berlin. Der Vorsitzende, Oberrichter Götz Berger, sprach je vier Jahre Zuchthaus aus. Vinzelberg, bereits zwischen dem 20. Juni und 11. Juli 1953 in U-Haft, war für knapp vier Wochen freigelassen und am 7. August erneut festgenommen worden. Der Vorwurf: Vinzelberg, als "Verdienter Erfinder des Volkes" ausgezeichnet, hätte sich am 17. Juni auf dem Werkhof des Funkwerkes der Versammlung der Betriebsangehörigen angeschlossen und Schmähreden gegen die Regierung gehalten. Nachdem sich die Versammlung auf ca. 1.200 Personen vergrößert hatte, hätte Vinzelberg zur Beteiligung der Belegschaft an Demonstrationen unter Losungen wie "Freie Wahlen" und "Ausschaltung des Einflusses der SED" aufgerufen.[37]

Das einzige erstinstanzliche 17.-Juni-Urteil, welches dem Obersten Gericht erlaubt war, wurde nach einem mehrtägigen Schauprozeß am 14. Juni 1954 verkündet. Es traf Mitglieder des in Westberlin von Bundesbürgern und ehemaligen DDR-Bewohnern gegründeten "17.-Juni-Komitees". Das MfS hatte - u.a. durch seinen GM (Geheimer Mitarbeiter) "Ramba" - die Gruppe erfolgreich ausgeforscht und infiltriert und schließlich führende Mitarbeiter in seine Gewalt gebracht.[38] Der Ostberli-

[35] Urteil des Stadtgerichts Berlin vom 26.5.54 gegen Foth u.a., (101 d) 1 b 269.53 (19.54); zur Rolle des MfS im Vorfeld dieser Verurteilung vgl. Mitter/Wolle 1993, Kapitel 1.

[36] ND, 22.6.53.

[37] Urteil des Stadtgerichts Berlin vom 28.5.54 gegen Vinzelberg u.a., (101a) 1 b 1/54 (26/54).

[38] Vgl. die Darstellung der Vorgeschichte in Mitter/Wolle 1993, S. 156f.

ner Schauprozeß gegen die sogenannten Rädelsführer des 17. Juni – Hans Füldner, Horst Gassa (beide Mitarbeiter des Ostbüros der FDP), Werner Mangelsdorf (nach Westberlin geflohener Streikführer aus Gommern) und Dr. Wolfgang Silgradt (Mitarbeiter des Forschungsbeirats für Fragen der Wiedervereinigung) – sollte der Öffentlichkeit endgültig den Beweis für den von außen in die DDR hineingetragenen faschistischen Putsch vorgaukeln, den mangels Tatsachen real zu erbringen in der MfS-internen Diskussion längst aufgegeben worden war. Dieses Verfahren endete mit Zuchthausstrafen bis zu 15 Jahren.[39]
Doch die Strafverfahren zwischen Februar und Juni 1954, die in der Bilanz von Benjamin/Melsheimer noch nicht erfaßt werden konnten, dürften die quantitative Dimension der strafrechtlichen Reaktion auf den 17. Juni nicht mehr wesentlich verändert haben.
Sie war, verglichen mit der Justizpraxis vor dem 17. Juni und jener ab Mitte 1954 sich wieder radikalisierenden Strafpolitik der SED, aus Gründen des inneren Machterhalts wie aus außenpolitischen Erwägungen[40] sowohl der Zahl der Betroffenen wie der Härte der Urteile nach vergleichsweise zurückhaltend, so wenig auch eine solche statistische Feststellung etwas am Leid der einzelnen Menschen und ihrer Angehörigen ändern kann, die in dieser Zeit in die Mühlen der Justiz und anschließend in die Haftanstalten kamen.

Zur Bilanz hinzuzurechnen sind allerdings die von sowjetischen Militärtribunalen unmittelbar nach dem 17. Juni ausgesprochenen Urteile.
Zu den davon Betroffenen zählt z.B. der Entwicklungs-Ingenieur im Funkwerk Köpenick, Siegfried Berger. Ihn hatten die Kollegen am 17. Juni aufgefordert, eine Betriebsversammlung zu leiten. Er ließ ab-

39 Vgl. OG 1954: Agentenzentralen bereiten den Tag X vor – Aus dem Urteil des OG vom 14.6.54 in der Strafsache gegen Silgradt u.a., 1 Zst (1) 7/54, in: NJ, 1954, S. 459ff.; zur Vorgeschichte vgl. Mitter/Wolle 1993, Kapitel 1.

40 Vgl. Melsheimer an den Hohen Kommissar der UdSSR, Bln, 28.11.53, betr: Strafsache Steinmetz u.a.: "Der Staatsanwalt von Magdeburg hatte beabsichtigt, höhere Strafanträge zu beantragen ... Ich halte diese Strafanträge in gegenwärtiger politischer Situation für falsch, da ein Urteil mit 6 Todesstrafen der Regierungserklärung der DDR vom 25.11.1953 und der neuen Note der Sowjetregierung vom 26.11.1953 entgegenzuwirken geeignet ist." BArch P-1-VA-1141.

stimmen, ob die Kollegen zum Streik bereit seien, und übernahm anschließend die Führung des Demonstrationszuges der Funkwerker. Am 20. Juni wurde er verhaftet, von Stasi-Offizieren verhört und schließlich den Russen übergeben. Am 2. Oktober 1953 verurteilte ihn ein Sowjetisches Militärtribunal zu 7 Jahren Arbeitslagerhaft. Im Mai 1954 kam Berger nach Workuta. Ende September 1955 begnadigt, wurde Berger am 16. Oktober 1955 in den Westsektor von Berlin entlassen.
Noch weitaus härter traf es mindestens 18 DDR-Bürger und einen Westberliner, die von sowjetischen Standgerichten zum Tode verurteilt und unmittelbar hingerichtet wurden.

In diese, an DDR-Maßstäben gemessen zeitweilig zurückhaltende Strafpraxis mehr als eine an Zweckmäßigkeitskalkülen der Herrschaftssicherung orientierte Politik hineinzulesen, wäre gewiß verfehlt. Innerhalb weniger Jahre, bis zur kurzen Tauwetter-Periode nach dem XX. Parteitag der KPdSU, wuchs die Zahl der Strafgefangenen wieder auf ca. 60.000, von denen 1956 - erneut ein Versuch zur innenpolitischen Entspannung - ca. 25.000 vorfristig entlassen wurden. An der Logik einer Justizpolitik, deren einziger Bezugspunkt die Sicherung der Macht der SED war, änderte sich nichts.

Zu den Autoren:

Jutta Braun, M.A.;

geb. 1967; Studium der Neueren Geschichte, Osteuropäischen Geschichte und Sinologie an der Ludwig-Maximilians-Universität in München; 1994 Magisterarbeit zum Thema Wirtschaftsstrafrecht in der DDR; z.Z. Promotion über die "Zentrale Kommission für Staatliche Kontrolle".

Nils Klawitter

geb. 1966; Studium der Geschichte in Göttingen, Besancon, Freiburg, Berlin; der Aufsatz lehnt sich an seine Magisterarbeit zum Thema "Inszenierung von Schauprozessen in der SBZ/DDR am Beispiel der Prozesse gegen die 'Textilschieber' von Glauchau-Meerane und die 'Wirtschaftssaboteure' der Deutschen Continental-Gas-AG" bei Prof. Wolfgang Benz (TU Berlin) an.

Falco Werkentin

geb. 1944; Mittlere Reife 1961 in Berlin-Weißensee, Abitur 1966 in Berlin-Moabit; Studium der Soziologie an der FU Berlin, langjähriger Redakteur der Zeitschrift "Bürgerrechte und Polizei (CILIP)", seit Mitte der 70er Jahre diverse Forschungsprojekte und Publikationen zur Bundesdeutschen Polizeigeschichte und zur Politik innerer Sicherheit; seit 1991 Arbeiten zur DDR-Strafjustiz; z.Z. Mitarbeiter des Berliner Landesbeauftragten für die Unterlagen der Staatssicherheit.

Publikationen des Berliner Landesbeauftragten

Beim Landesbeauftragten sind erhältlich (gegen Einsendung von Briefmarken im Wert von 1,50 DM für Büchersendung-Porto):

Schriftenreihe:
- Bd. 1: **Siegfried Mampel**: Der Untergrundkampf des Ministeriums für Staatssicherheit gegen den Untersuchungsausschuß Freiheitlicher Juristen in Berlin
- Bd. 2: **Gunter Holzweißig**: Klassenfeinde und "Entspannungsfreunde". West-Medien im Fadenkreuz von SED und MfS **(vergriffen)** (Dieser Text ist überarbeitet als Kapitel enthalten in: Holzweißig, Gunter: Zensur ohne Zensor: Die SED-Informationsdiktatur, Bouvier, Bonn 1997)
- Bd. 3: **Roland Brauckmann**: Amnesty International als Feindobjekt der DDR **(vergriffen)**
- Bd. 4: **Jutta Braun; Nils Klawitter; Falco Werkentin:** Die Hinterbühne politischer Strafjustiz in den frühen Jahren der SBZ/DDR
- Bd. 5: **Hans-Eberhard Zahn**: Haftbedingungen und Geständnisproduktion in den Untersuchungs-Haftanstalten des MfS - Psychologische Aspekte und biographische Veranschaulichung
- Bd. 6: **Ilko-Sascha Kowalczuk**: Die Niederschlagung der Opposition an der Veterinärmedizinischen Fakultät der Humboldt-Universität zu Berlin in der Krise 1956/57. Dokumentation einer Pressekonferenz des Ministeriums für Staatssicherheit im Mai 1957
- Bd. 7: **Jan Foitzik**: Der sowjetische Terrorapparat in Deutschland. Wirkung und Wirklichkeit / **Wolfgang Buschfort**: Die Ostbüros der Parteien in den 50er Jahren
- Bd. 8: **Siegfried Berger**: "Ich nehme das Urteil nicht an" - Ein Berliner Streikführer des 17. Juni vor dem Sowjetischen Militärtribunal
- Bd. 9: **Jenny Niederstadt**: „Erbitten Anweisung!" - Die West-Berliner SEW und ihre Tageszeitung „Die Wahrheit" auf SED-Kurs
- Bd. 10: **Siegfried Mampel**: Entführungsfall Dr. Walter Linse - Menschenraub und Justizmord als Mittel des Staatsterrors

- **Katalog der Wanderausstellung** "Überwachen, unterdrücken, spionieren. diesseits und jenseits der Mauer", Hrsg.: Berliner Landesbeauftragten für die Unterlagen des Staatssicherheitsdienstes der ehemaligen DDR (1998)
- **Erster bis Vierter Tätigkeitsbericht** des Berliner Landesbeauftragten, 1993/94; 1995; 1996; 1997